大展好書 好書大展

大展好書 好書大展

率領「美國佛教宏法中心」居士們拜訪洛杉磯的西來寺

1994年4月作者在台北宏法

心靈雅集
53

大乘佛經

定方晟／著
劉欣如／譯

大展出版社有限公司
DAH-JAAN PUBLISHING CO., LTD.

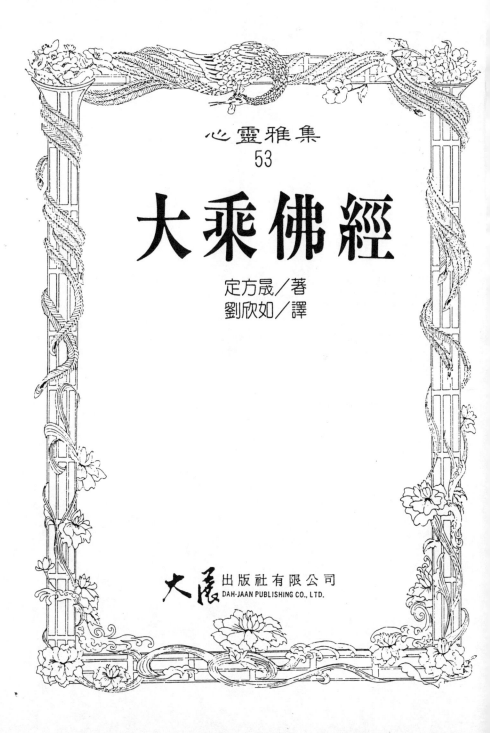

目錄

一、智慧的經典

目　錄

II、慈悲的經典

序

大乘的智慧與慈悲

大乘是什麽

佛教有大乘與小乘。小乘意味小型乘載物，只想自己開悟，純粹是自利的佛教，而大乘意味大型乘載物，除了自己開悟，也要幫忙別人開悟，屬於自利與利他的佛教。

初期佛教史上出現小乘佛教，到紀元開始便有大乘佛教，旨在批判小乘的修行。今天東南亞一帶（錫蘭、泰國、緬甸）奉行小乘佛教，而大乘佛教流行東北亞和東亞（中國、韓國和日本）。

小乘與大乘的稱呼是大乘佛教徒製造的，東南亞的佛教徒並不承認，自從大乘佛教興起以來，就有些佛教徒指責大乘佛教不是佛教，而是一種外道（佛教以外的教派）和魔說。但若以宗教思想的角度來看，則不能否定大乘比較殊勝、比較優勢。

光說大乘這個名稱很容易，殊不知其中也有若干思想上的脈動。彼此在特性上有相互衝突的地方，例如，自力與他力，但是，每一脈動也有共同之處，就是對佛教歷來的型式主義與僧院主義所生的反動方面。若以大乘的關鍵語來說，則有「菩薩」、「般若」、「利他」和「永遠佛」等。現在不妨簡述一下這些名詞。

「菩薩」是那些想要成佛（悟解真理）的修行人。因為「佛」與「菩薩」都是普通名詞，所以，凡被稱作佛菩薩的人，多得不勝枚舉。例如，佛有釋迦牟尼佛與阿彌陀佛，而菩薩有龍樹菩薩（西元二〇〇年左右的印度僧伽）和觀音菩薩。

釋迦牟尼佛與龍樹菩薩是歷史上有名有姓的人物，而阿彌陀佛與觀音菩薩只是信仰上的象徵存在。只要我們有意成佛作祖，也照樣能被人叫菩薩。意思是大乘佛教的圈子裡，也應該有無數不知名號的菩薩存在。

小乘佛教的修行人，叫做「聲聞」與「獨覺」（緣覺、辟支佛）。聲聞是指那些「聆聽佛陀教法的人」，在大乘佛教出現以前，他們是佛教惟一的正統弟子。例如，佛陀的十大弟子是最好的代表，他們包括舍利弗、目連、摩訶迦葉、須菩提、富樓那、摩訶迦旃延、阿那律、優波離、羅睺羅、阿難。

他們修行的目標放在阿羅漢階段，比佛陀低些，但也覺得心滿意足。獨覺是佛的一種，這一類修行人只求自己覺悟，自證涅槃（進入絕對和平的境界），而不像佛陀那樣向芸芸眾生說法。

因此，聲聞與獨覺根本不在乎眾生的開悟問題，這一來，便有些佛教徒開始指責他們了。後者不久自稱菩薩，希望成佛作祖，就到處弘法，利益眾生，希望他們也能開悟。倘若釋迦牟尼佛自己向當時的眾生說法四十五年，那麼，菩薩企圖救度眾生，樂此不疲，便以佛陀的正統弟子自居，有什麼不對呢？

其次是「般若」，指智慧的意思，具體地說，亦指空的思想。這種思想在釋迦牟尼的教說裡雖然沒有明確的痕跡，卻有萌芽的形式。如從釋尊的緣起與無我的思想裡，也能在邏輯上導引出來。釋尊闡述「無我」的內涵時，便教示「我只是要素的集合罷了」，然而小乘教徒不注意無我，反而把要素看成實際存在。這一來，就引起大乘教徒的批評了，他們反覆強調無我是沒有實在的我，這就是空的思想。

「利他」是要利益別人，引導他覺悟。利他需要菩薩，而利他精神也產生了「大乘」的概念。衆生正在大海漂流，眼見都要沈溺了。為了要引渡他們到安全的對岸（彼岸），就一定要用大船。這即是「大乘」。反之，「小乘」是單獨乘坐的小舟。

最後談到「永遠佛」。小乘佛教徒認爲佛陀活到八十歲，在北印度拘尸那城圓寂。依他們看，佛陀雖然很偉大，到底也是人類。大乘佛教徒可不這麼想，他們把佛陀看作永遠不死，或永遠的活佛。原因有三點：㈠他們無法面對敬愛的師尊不在世。㈡紀元前一世紀左右，他們深受一神教的影響，這種強而有力的信仰傳自伊朗和東方。㈢依照空的思想來解說；所有存在都是不生不滅，所以，佛也不例外，不會毀滅，以上是大乘佛教徒的觀點。

也許㈠與㈡兩項才是「永遠佛」這種概念產生的原因。一般百姓所能祈求者，終究是活生生的神，當大乘佛教出現時，印度人似乎已經知曉那些強而有力的一種神教了。例如，伊朗人信奉阿佚拉馬斯達神，猶太人信奉耶和華神。佛教徒知曉其他宗教也有類似這些「現存」的神，如果自己的教主死了，未免太寂寞。即使佛教界領袖沒有這種感受，殊不知大衆卻有這種教主不存在的寂寞感。這一來，大乘佛教徒就懷有永遠佛的思想了。

　空的思想只是後來把這種永遠佛的觀念加以理論化。我想，光憑空的思想不能說明大乘佛教徒對永遠佛那種思想的萬丈豪情。空的思想與永遠佛倒沒有必然的結合，當然也不能斷定彼此不相干，也可能在空的思想發展以後，才生出永遠佛的思想。不論如何，只有依據空的思想，才能使佛教永遠佛的思想成為智慧的產物。

智慧與慈悲

　大乘的重要特徵有「智慧」及「慈悲」兩項德目。

佛教是智慧的宗教，它的重要性再三強調亦不為過。就宗教來說，慈悲以智慧做後盾，就不會動搖。這項智慧能夠除掉知性在宗教裡能否體驗的一切猶豫。

　表現佛教智慧的經典，有『般若心經』與『中論』。『般若心經』的主旨，可以歸納為「色即是空、空即是色」。意謂一切事物都是無實體，而一般人的想法相反。所謂實體，一般人似乎把「我」或「靈魂」之類的存在看作獨立的東西，或不會變化的東西，其實，這些都是無常的。

　『中論』是龍樹菩薩的著作，把空的思想邏輯化起來。他在第二章探討「去者不去」這句話，指出一般人透過說話而造成錯誤的世界觀，所以才要讓世人從說話的束縛中解放出來。關於這一點，我已在拙作—『空與無我』裡詳細討論了，在此，我想探究『中論』第一章的「緣起」（事物因為條件而產生，而非獨立不變的存在），由此可見佛教是名符其實的熱愛智慧。

四聖諦與十二緣起

佛教的出發點，在於「苦」的認識。「四諦」（四項真理）這項教義教誨世人有關下面的事情：

㈠這個世間是苦惱（苦諦）。
㈡苦惱有原因（集諦）。
㈢必須消滅苦惱的原因（滅諦）。
㈣消滅苦惱的途徑（道諦）。

那麼，苦惱的原因是什麼？依照「四諦」的解釋，那個原因即「渴愛」（愛慾）。但在「十二因緣」這一系列的教義裡，又進一步找尋原因，結果發現「無明」（無知）才是根本原因。人生不外「老、死、憂、悲、苦、惱、悶」為什麼呢？因為有「生」，那麼，為什麼有「生」呢？因為有「有」，這樣追根究柢，最後歸諸於「無明」。現在不妨從原因來歸類這套因果的連鎖。

(1)無明（無知）。

(2)行（潛在的形成力）。

(3)識（識別作用）。

(4)名色（身心）。

(5)六入（六種感覺器官）。

(6)觸（接觸）。

(7)受（感受作用）。

(8)愛（愛）。

(9)取（執著）。

(10)有（生存）。

(11)生（出生）。

(12)老死憂悲苦惱悶（老化、死、苦惱）。

這套教義裡仍有不少含糊之處，表面上，明白列出十二項目，但是，每一項的意思是什麼？例如，無明的具體意思怎樣呢？依我看，這一系列的涵義是這樣：

首先，不難發現「老死憂悲苦惱悶」的原因在於「生」（指出生的意思、而非指人生）。那麼，「生」的原因怎樣呢？答案是「有」，即宇宙存在的事實。「有」係物質性概念，而非精神性概念。印度人不是唯物論者，不滿意把物質的存在當作根本原因，所以，再進一步找尋原因，結果找到「取」，也就是「意向」（存在意志）。

「取」在道德方面屬於中立性質。印度人以為生存是迷妄，為了探究原因，竟發現「取」裡有「愛」，也就是宇宙性的愛著心。這種「愛」含有「盲目」的意味。

以上這段思考比較容易讓人接受，跟這個相同的理念，也在另一種婆羅門文獻上出現，而那種文獻比佛教更早。現在將兩者對照一下，讓諸位更容易明白。

「婆羅門教」　慾望（kāma）→志向（kratu）→業（karma）→果（phala）

「佛教」　　　愛（taṅhā）→取（upādāna）→有（bhava）→生（jāti）

依據佛教的傳統解說，「有」是指業（行為，也包括結果的行為），這一點要注意。探究「苦」的原因，一直追溯到「愛」為止，這樣算很充分嗎？佛教繼續探究下去，也許會導出誤解的結論。雖然愛是宇宙性質的愛，但有人把它錯覺爲個人的愛，這一來，他們的想法就不一樣了。人類的愛裡必得有感受。所以，受的原因就得有「受」才行。這一來，個人的存在就浮現出來了。

實際上，「愛」以後的受、觸、六入、名色、識、行，可以連想成人的組成要素（五蘊）—色、受、想、行、識。雖說這些要素可藉因果關係配列起來，但它不是從「十二緣起」的「受」開始到「行」這一系列嗎？

縱使中途有過誤解，不如把最後原因看作無知（無明）是一項見識。這時候，無知可解作無我，乃至空的無知。

就結論來說，十二緣起是不恰當的教義。一半的連鎖缺少必然性，十二這個數目也無意義。依我看，把最後原因看作愛或無明，中間項目似乎要儘量少，才是明智的做法。

不過，緣起的想法跟四諦都很科學，可說是智慧的產物（四諦很合理，應可比擬醫生的診察和治療）。在紀元前五百年的印度，居民仰賴婆羅門教，和其他民間宗教，把天災人禍歸諸於神和妖魔作祟，才要靠祈禱和咒術。在那種時代，企圖正確地探究原因與結果的關係，這種理性精神無疑是劃時代的出現。誠如尼采所說，佛教是近代式的宗教，因為它把神等陳腐的觀念做妥善的處理。

小乘對緣起的見解——「胎生學的解釋」

小乘佛教徒對於十二緣起解釋得更奧妙，叫它為「胎生學的解釋」。原來，他們把十二緣起解作因果的連鎖——前世、現世、來世等三世，和因果的雙重結構。這種解說常常跟當時流行的輪迴思想相提並論。在當時，輪迴思想已經成為一種常識了。

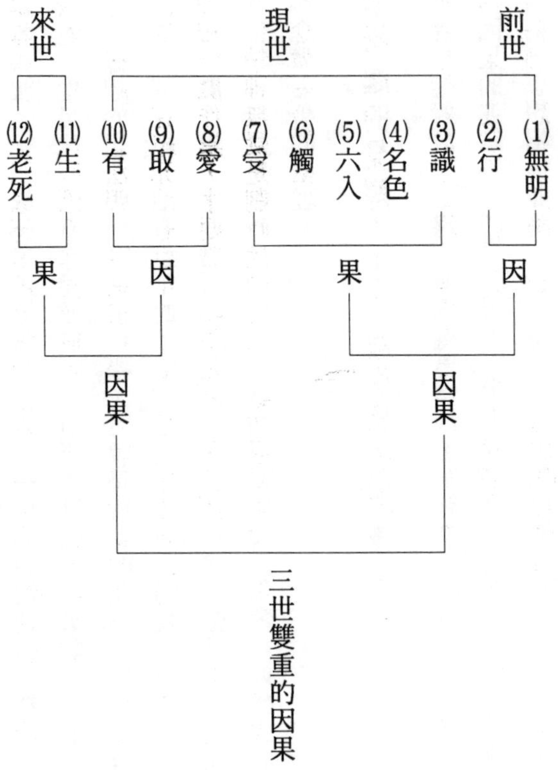

由此可見，(1)無明和(2)行，係表示我們前世的狀況與行為，而這就成為原因，我們出生於現世。那麼，早在娘胎就能生起「托胎時的意識」。這即是(3)識。從「識」衍生(4)名色（身心）和(5)六入（感覺器官）。這是出了娘胎才生出(6)觸（感覺器官與外界的接觸）。從

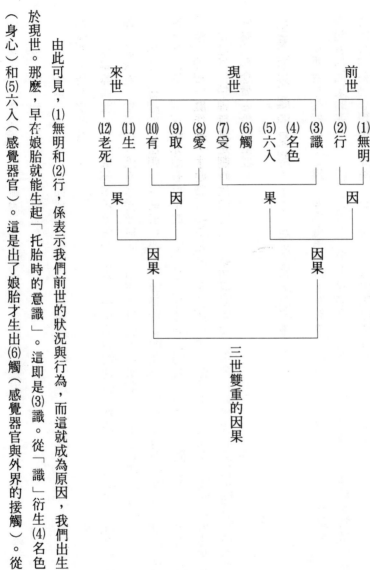

觸產生(7)受（快感與不快感的區別）；從受生出(8)愛；從愛生出(9)取（執著）。這一來，就確立了(10)有（人的生存）。

從以上的「識」一直到「有」等八階段，就是我們的現世相。其中，前一半的五階段(3)～(7)，就是以前世為原因而來的現世結果。後半的三階段(8)～(10)為現在原因，會導出來世的結果。這一來，我們在來世所生起的(11)生，便能迎向(12)老死。

乍見下，這是很巧妙的解釋。但是，把原來跟「三世」與「雙重因果」（雙重因果關係）無關的東西似乎解成有關係了，這一來便產生不少難處了。

「這個」與「那個」的相依關係

胎生學的解釋是以時間觀點來說明緣起，日本昭和時代的佛學者——宇井伯壽就批判這一點，又提出另一種解釋——以空間觀點來探討緣起的邏輯解釋。他用以下一段話來探究緣起的教義（印度哲學研究）。

此有故彼有，此起故彼起。
此無則彼無，此滅則彼滅。

關於這些話，有以下兩種觸釋。

一種是把這些話看作形式化的十二緣起，把十二項目改換為「此」與「彼」的代名詞（例如有無明，才有行一樣）。這時候，前半節（此有故彼有，此起故彼起）表示流轉緣起（迷惑條件）、後半節（此無則彼無，此滅則彼滅）表示還滅緣起（覺悟條件）。前半節跟胎生學的解釋相同。

另一種解釋是脫離十二緣起，獨立自主的解釋。這套解釋是空間的——邏輯的解釋。

此有故彼有。

如依時間觀點來解釋，那麼，這就表示「此」跟「彼」之間有不可逆的因果關係。總之，從「此」產生「彼」，而沒有逆向。十二緣起的項目不可逆地排列著（但在十二緣起裡，大家認為只有識與名色可以逆向）。如依空間（邏輯與無時間）觀點來解說，那就表示可逆性的因果關係。宇井伯壽稱它為相依關係。意謂由「此」生起「彼」，也同時可以從「彼」生出「此」。

例如，親子是相依關係。通常，大家認為父母生出兒子，但若仔細一想，這是不對的。父母親是因爲有孩子才成為父母，亦即有兒女才能當父母。先有父母才生下兒女的觀點違反邏輯。若說父母生孩子可以成立，那麼，孩子生父母的論點亦無不可。這種關係可從大小、長短等所有相對概念方面看出來。經典上用兩束蘆草互相支援的譬喻，來說明彼此關係建立在相依爲命的基礎上。單支蘆葦絕對站不起來，必須兩支互相依靠。

在時間的（胎生學）解釋與邏輯的（相依）解釋之中，後者比較優勢。龍樹的解釋正是這一種。他認為時間性解釋只能生出「父母生孩子」的認識程度，而邏輯的（相依）解釋認爲那樣不對。後者指出人的迷惑自人類盲目相信語言，而這是人類歷史上首次的明確解釋。

『中論』的正確性

不妨再看龍樹對緣起的解說。中論第二十六章記載十二緣起的教義。這項教義也許不是他的主張，而是為了明示批判對象，和讀者對他的攻擊。細讀書的內容時，似乎發現龍樹對小乘批判十二緣起的解釋。例如書上寫著：

依名色而生識（第二十六章3cd）

［3表示偈號，c、d是組成偈語的四個短句——a、b、c、d裡的c與d，讀者不妨參照原書］

識好像從生出以前就存在的樣子。若非這樣，那麼，識就不能「依」了。還有下面一句話：

從此生出觸，從觸生出受（第二十六章４ｃｄ）

觸好像事先存在「那裡」，才從「那裡」生出的樣子。受好像事先存在觸裡（跟受同時存在），才從那裡生出的樣子。何況小乘佛教徒說，觸與受似乎開始不存在任何地方的樣子，他們是「生出來」的。

佛陀為了要讓世人明白我沒有實體，才說我是由諸項要素組成。小乘佛教徒誤解之餘，竟把要素看作實體。小乘佛教徒現在又走同樣的路子。佛陀為了要使世人明白事物缺乏實體，才說所有事物都由諸種條件組成的。所以，小乘佛教徒產生誤解，才把條件看作實體了。龍樹撰著『中論』的動機，就是要糾正這些過錯。

賓伽羅（四世紀的印度學僧）是『中論』的註解者，他說龍樹寫『中論』還有一種意義。「世人取空相而生起貪著，才對空生出各種過錯」，否定一切有，才會對於無產生執著。龍樹也必須糾正他們的過錯。「中」是矯正「偏離」的意思，所以『中論』的取名也意謂要糾正太執著於無，亦太執著於有的過錯。

龍樹所謂「不生不滅」

那麼，龍樹怎樣解釋緣起呢?他在『中論』第一章開宗明義地說：

既非消滅，也不是生成；既非變化，也不是恆常；既非同一性，也不是異多性；既非來，也不是去，這就是佛陀所教的緣起——能止熄無益的辯論，給人帶來安寧，我讚嘆佛陀是所有說法者中至高無上的人。（1、2）

「既非消滅」之後一連八個否定句，叫做「八不」。譯成中文就很簡潔——「不生亦不滅、不常亦不斷、不一亦不異、不來亦不出。」

再分開來看「八不」的內涵。「八不」即「緣起」，因為跟「生起」有關連、不禁讓人想起「種子萌芽」的人間常識。因為這一點容易明白，所以，我就從這一點開始討論。

「不一亦不異」顯然不同於種子跟嫩芽，但也不是完全不一樣的東西。如果追溯從種子到萌芽的過程，則不可能看出什麼裂縫。

關於這一點，只要看一下人類，尤其想一想自己，就會更容易明白。嬰孩時期的自己，跟現在的自己顯然不同，但也能感覺出來是同一個自己。

「不常亦不斷」不妨也看作「不一亦不異」的例子。因為種子變成嫩芽，所以，種子與嫩芽之間不會恆常（不變化），話雖如此，但是，種子與嫩芽之間也沒有斷裂（變化、絕對差異）。

「不來亦不出」——芽暗藏在種子裡，而不是從外界進來的東西。但是，嫩芽也不是從種子裡面走出來。關於後者，不妨引用『中論』註釋者賓伽羅的話說－「種子萌芽，會像蛇出洞的情形嗎？」如果說蛇出洞，那麼，蛇爬出洞穴，也仍然有洞穴留下來，但是，種子萌芽就不一樣了。萌出芽來，種子還會在嗎？種子當然消滅了。總之，「種子萌芽」這種思考顯然有問題。

「不生亦不滅」——「生」的概念最能深入人心，只因它跟死亡有關，才凸顯它的重要性。第一章全部說明「不生」，如果這項解說不錯，那麼，其他七不也可以不必多談了。

事物不是從自身生出來，不是從他物生出來，不是從兩者生出來。因為沒有任何東西（等於沒有原因），所以就沒有生出來。（3）

在否定「生出」的概念方面，龍樹採用四句分別（四刀論法）。他的常套手段是排斥對方的主張。即竭盡所能排斥對方的主張。換句話說，檢討四種情況，只要讓對方的主張在任何一種情況下不能成立，也就自然排斥了對方的主張。

批判原因與結果的概念

現在，假定對方提出「生出事物」的主張。龍樹就說，倘若生出事物，那麼，它屬於以下四種情況的那一種呢？

(1)事物從自身生出來。

(2)事物從他物生出來。

(3)事物從兩者生出來。

(4)事物不是從自身與他物的任何一方生出來。

有些讀者覺得這樣說很抽象，不易明白，那就不妨將「事物生出」改成「萌芽」的情況來思考比較好懂。

(1)嫩芽從芽裡生出來。

(2)嫩芽從芽以外的東西生出來。

(3)嫩芽生自芽與芽以外的東西。

(4)嫩芽既不是生自於芽，也不是生自於芽以外的東西。

這一來就表示得明白痛快了。在這四項裡，恐怕沒有人會主張(1)與(3)兩項。大家一定會主張第(2)項。當然，這種情況也不是不能考慮芽以外的某種東西，但是，總不會有人想到芽會從石頭或火裡生出來的吧!?照理說，有人會認為芽生自種子。看來這項主張好像沒有問題才對。反正大家在平時茶餘飯後都會這樣說。無如，依照龍樹的觀點，他認為這樣不對。

事物的實體（Svabhāva）不在原因（Pratyaya）裡面。（４ａｂ）

本句所謂實體者，直譯成「自身存在」（英文譯作self-being，漢譯叫「自性」）。意指「事物內在的不變性質」。人生在世都活在這種信念裡，那就是天下萬物都有這種性質。龍樹企圖打破這項信念。

因為上面4ａｂ的陳述太抽象，所以，我們不妨改作以下的說法。譬如「芽的實體不在種子裡面」這句話，所謂嫩芽，就是具有雙片葉子的柔軟又潔白的東西。如果說這就是芽，那麼，種子裡面找來找去也不可能找到芽的。換句話說，「事物的實體不在原因裡面」，同理，「事物（芽）不是從他者（種子）裡生出來」。

因為沒有自己的實體（４ｃ），所以，他者的實體（Parabhāva）也「沒有存在原因裡面」（４ｄ）。

這個不好懂，不過，所謂「他者」即是種子。這一來，「他者的實體」就是種子的實體。賓伽羅說：「他性（等於他者的實體）就是指他者的自性。」因為在４ｄ裡面的原因，即是種子，所以，４ｄ的意思就變成「種子裡面沒有種子的實體」了。實際上，種子本身決不能說就是種子。只有把它想像為芽，才能叫做種子。國語辭典上也這樣寫：「種子是萌芽的東西。」在沒有萌芽之際，就想像它是活著才叫種子（縱使沒有活下去也一樣）。

其次，再談龍樹對於原因概念的批判（5—12），我只提出比較易懂的7與8。

依賴某些東西而生出「事物」時，這些東西叫做原因。不會生出「事物」時，難道能叫它原因嗎？（7）

不妨改換另一種更具體的說法。如把「某些東西」當作父母親，而把「事物」當作孩子（這些東西尚有做愛和排卵期）。這一來，自然能夠形成「依靠父母生出來」的命題。倘若這樣沒錯，那麼，父母親即是原因，而孩子即是結果。（實際上，許多人視為理所當然）

殊不知其間潛伏許多錯覺，這些亦如上述。首先要明白父母是因為有孩子才叫做父母，如果生不出孩子，那裡有父親呢？那裡有母親呢？

再說「依賴父母生出孩子」這項命題，就用到父親或母親跟孩子這種相對概念了。這一來，還能詳論原因與結果的關係嗎？如果變成「依靠某男與某女而生出孩子」的命題，也許有人認為這就沒有問題啦。

其實，還是有問題。原因是，一旦沒有生下孩子，當然，就沒有孩子依賴某男與某女的情況。這一來，沒有人依賴的某男與某女，就不能成為原因。這一點不妨改用以下的句子來解說，大家就容易明白了。

不會有不存在物的原因（8a）。不會有存在物的原因（8b）。任何不存在的東西會有原因嗎？（8c），存在物裡所謂原因等有用嗎？（8d）

8a與8c可說是一樣，意指原因是什麼呢？既然沒有任何東西，那怎會有原因呢？8b與8d可說是一樣，既然已經存在的東西，現在何必再需要什麼原因呢？

從此證明原因的概念是不成立的，甚至連「此有、故彼有」這樣古典的緣起形式也被否定掉（12）。但是，希望大家說明時不要誤解。龍樹說，一旦認知實體的概念時，原因的概念就不成立。因為那也不是排斥原因概念本身。後來，禪宗出現一句「不落因果，不昧因果」的話（意指不陷入因果、亦不昧於因果），龍樹的立場也是這樣。因為他附上「不生」這個限制，才能認識「緣起」。

接著有一套整合。「結果不在原因裡面」（13b）。這跟「原因裡面找不到東西的實體」（4ab）相同。換句話說，儘管嫩芽呈現芽的形態，但在種子裡面找不到。

不料，有人對這些批判很氣餒。他們說「即使『在原因裡面沒有』，那結果也能從原因裡出來呀！」（14ab）。事實上，早在紀元前十二世紀前後，婆羅門教有一部聖典叫『利克・韋陀』，曾經提到「有是從無裡生出來」，後來，又有婆羅門教另一學派——梵修西卡派提倡「因中無果論」（主張原因裡面沒有結果潛伏存在）。

反之，龍樹說：「若照這麼說，從沒有原因的東西裡面也能出現結果嗎?!」（14cd）這一來，「從石頭裡面也能萌出嫩芽嗎？」其實那裡有這種事。總之，對方的辯論不對。「結果是由原因造成，那麼，原因難道不必以原因為條件嗎？」（15ab）。「由無因的東西裡面所生的結果，怎能說由原因造成呢？」（15cd）到底是哪一種呢？

如果承認原因與結果的概念，那麼，在原因方面也必須考慮到原因。這一來，就變成無限後退了。最後，也不妨批判這項議題——按理說，宇宙不會自己存在的，一定是神造的，而神自己應該能夠存在才對。

到這裡就結束第一章了，結論也出來了。「因此，既無原因造成的結果，亦沒有無因造成的結果。因為沒有結果，所以也沒有原因或無原因。」（16）

我簡單介紹了『中論』的內涵，不難發現佛教是多麼重視智慧的一種宗教。依照龍樹的觀點，在空的思想方面，「無明」（十二緣起的最後一項）即是無知。他說：「若滅掉顛倒，也滅掉無明」（如是顛倒滅，無明則亦滅）（第二十三章22），因為在空的思想裡，認為顛倒即無知，顛倒也是空，同樣是無知。

捨棄智慧的慈悲精神

智慧與慈悲相提並論，都是佛教的重要概念。依照『觀無量壽經』的觀點，所謂佛心即是慈悲心，而慈悲是佛教的核心。「慈悲」是慈與悲組成的名詞，「慈」是給人歡喜，而「悲」是把人心裡的苦惱拔掉。大乘佛教的魅力，就是不惜為了慈悲，而寧願捨棄重要的智慧。

所謂捨棄，並不表示智慧與慈悲互相矛盾。也許可以說——忘掉智慧。在上述『無量壽經』那句經文後面，又接一句「以無緣的慈來攝救無邊的衆生」。大乘佛教說，慈悲有衆生緣、法緣和無緣三種。衆生緣的慈悲，彷彿佛教以外的宗教一樣，把衆生看成實在而生出的慈悲。法緣的慈悲是把衆生看成空而生出的慈悲。有人從佛教以外的觀點來批判這種慈悲——「衆生不存在，可能生出慈悲嗎？」佛教徒回答：「正因沒有自我與他人的區別，慈悲才能成立。」無緣慈悲不必這些理由，而是建立在原原本本承認智慧者心中自然生起慈悲的那種慈悲。

再說佛教所以能傳承至今，也能為許多人分享，亦得力於佛陀的慈悲。當初佛陀雖然得到智慧，但也沒有義務告訴別人。而且，他也想像得到要讓許多人理解深遠的智慧，將會遇到多大的困難。儘管這樣，他依然為了芸芸衆生，很慈悲地向他們說法。這個意味佛教正是一種宗教。因為「宗」是法（真理）的意思，而「教」是說的意思；前者象徵智慧，後者象徵慈悲。（中村元著『慈悲』）

慈悲的光輝靠「悲」發揚出來。佛陀既不是造物之神，也不是萬能之主。他自己也是在貫通宇宙的理法下的人，跟凡夫一樣活在世間。他沒有能力改變理法，他親眼看見這條理法（例如有生必有死）在折磨世人，而他惟一能做的是，一面同情苦惱的人類，一面依據自己從苦難途上走過的經驗，教誨世人怎樣克服苦惱？

倘若佛陀是造物之神或萬能之主，那麼，他哪會有「悲」呢？倘若世間有不幸的衆生，那麼，他不必同情，就能消滅所有的不幸，而今不能消除不幸，才會生起「悲」。正因為這樣，「悲」才會衝擊我們的心。

再舉出一例來說明佛教的慈悲精神。那是菩薩回答妖魔的話。

你說：「『給予者下地獄，接受者上天堂。』你的話想阻止我行布施，殊不知反而在鼓勵我哩！我沒有意思向你的話挑戰。凡是接受我的布施的人都會上天堂，因為我是為了世間才行布施，而不是為自己做布施。」

大乘經典不易懂

大乘經典為數很多，這是長期間在印度靠各種人撰述和累積出來的。若干重要的經典，都各有不同的版本，這表示幾百年來不斷在補充和改編。作者和成立時期都不明確，我們嘗試從經典內容推測經典成立的順序，也一面嘗試從漢譯年代推斷它成立的下限年代。

本書依據的五部經典，都是從一世紀到四世紀之間的東西。前面四部經依照內容性質，放在同一系列，這是依據本書的排列順序而形成的。我把『無量壽經』放在本書的最後，原因是，它的重要性在思想上愈來愈重要，為了對應這段時期才這樣安排，還有經典本身的成立時間很早，不亞於『阿闍世王經』。

當我想要介紹佛經時，始終覺得很困惑，因為佛經的作者不太明智。他們先談了半天廢話，在傳播一種思想時，不必要的話一再重複。例如下面的情形——

艮家的孩子們呵！那位休巴維哈王列舉許多美德，讚嘆已經完成覺悟的阿羅漢—那位尊貴的賈拉達拉＝卡爾希達＝果夏＝斯斯瓦拉＝拿庫夏多拉＝拉假＝桑庫斯米達＝阿比玫尼亞如來，同時細數其他幾千萬億的美德，來讚嘆那位世尊，這時候，那位已經完全覺悟的阿羅漢，那位賈拉達拉＝卡爾希達＝果夏＝斯斯瓦拉＝拿庫夏多拉＝拉假＝桑庫斯米達＝阿比玫尼亞如來在叫一位如來。

這段『法華經』十八回反覆敍述。這段引述出自『法華經』的梵文原本，幸好漢譯本很簡潔。上面那段經文也許可以改短一些。

例如：艮家的孩子們呀！那位休巴維哈王細數許多美德來讚嘆阿比玫尼亞如來，他這樣說了。

就這一點來說，我反而非常敬佩『論語』的簡潔程度，例如「巧言令色、鮮以仁。」實在是簡短有力的話。兩者相比，反而讓人覺得佛經內容很薄弱。

其次是佛經的組織亦不好懂。原因是，絕大部份佛經都經過改變與補充的手續。雖然，起先有一套結論組織，無奈，有些庸俗的僧衆加以「改良」，其間，儘量地傳承下去，也許就變成現在的狀況。同一旨趣的文章，畫蛇添足，東加西補一番。

但是，這樣前後不一致的經典，幸虧漢譯之後照樣能讀得懂，至少在日本不會被大家輕視。毋寧說，因為不知其所以然，甚至還懷有感激之情，這樣對於寺廟來說，也許很幸運，不過，對於佛教和老百姓來說很不幸。原因是，國民始終莫名其妙在讀它。大藏經彷彿由一大堆文字細沙造成的浩瀚沙漠，其中的確藏有金礦，而怎樣提煉這些金礦非常重要。

佛經的改造

直到最近，日本佛學者才努力把佛經譯成淺顯易懂的白話文。然而，提煉佛經光靠這樣還不夠。我曾經把『阿闍世王經』翻譯成淺顯的日本話，雖然想全部翻譯出來，但是，要做到淺顯化也有一定的限度。左思右想，只好刪掉無益的部份，把經文縮短了。為了維持經典的生命，也必須要留存經典的體裁，不能簡略。原因是，佛經的韻味即是佛經的重要部份。

改造佛經會有冒瀆的感覺，我們這群受過文獻學相當薰陶過的學者尤其有這種感受。但若仔細一想，我們的作業只不過是重複改造罷了。我們很熱心追溯經典改造的足跡，幾乎沒有批判經典的成就。既然知道改造之餘，並沒有批判，那麼，我們為何害怕改造作業呢？

大乘佛教徒再三改造佛經，可見信仰心多麼堅決。在日本，鼎鼎大名的親鸞上人尚且讀錯過，何況佛經上也說：「依義不依語」。與其僵硬地墨守經典的形式，不如勇於改造，只有無畏於改造的人，才算忠實地繼承大乘佛教的精神。

在本書裡，我用改造形式說明大乘經典，那不是簡單扼要的說明，而是新經典的計畫。當然，我不是朝向古典形式來改造，只想探索一下改造的意義。理想的改造只要花些時間，讓有能力的人去做就行了。

我不想在本書解說經典，只想讓經典能夠凸顯。因此，我才自由選取原文，不受任何拘束，深入淺出地改寫出來。這一來，也許有人會指責，這不是『阿闍世王經』，也不是『維摩經』。我儘量在不損原典的旨趣下努力改造，然而，我的能力也許有未逮之處。因此，若有人讀完我的翻譯（改造）而發生興趣，而後想進一步知曉正確內容的話，希望他務必參考原文的全譯本。

我的另一本著作叫『空與無我』，在前言裡，我曾經說：「感覺上，我好像摸到佛教的核心。」卻不曾說：「闖進核心」。原因是，那本書的主題等於佛教的智慧，若不論及慈悲，就不能說已經觸及佛教的核心。而今我一面寫作本書，一面覺得已經闖進了佛教的核心。但是佛教的世界既深妙、又浩瀚，而我只能從非常龐雜的佛經，和浩瀚無比的智慧，直到慈悲這股思潮中搜集幾本經典而已，其他尚有多達幾十倍的經典與思想只好割愛了。其實，我剛剛闖進核心裡面而已。

I

智慧的經典

一、空的教理——『阿闍世王經』

支婁迦讖（出身印度西北部的佛教僧人）曾在西元一四七～一八六年漢譯『阿闍世王經』。若從漢譯的年代來說，這部經在本書所採用的幾部佛經中算是最古老的一本。這部經最先把空的思想戲劇化出來，故有不尋常的意義。

阿闍世王出身中印度的摩揭陀國，只因他為了繼承王位，竟把父王殺死。備受苦惱的煎熬，才去求救於佛陀。

作者把這個當作舞台，而導演一部戲劇，並從各個方面說明空的思想。

不過，這部經裡的說法主角，倒不是佛陀，而是文殊菩薩。佛陀的角色是先聽文殊說法，之後加以認定。依我看，這個設計似乎表達某種目的——大乘經典的作者意識到大乘非佛說（主張大乘思想不是佛說的東西）。換句話說，似乎懷疑大乘思想是否出自佛陀的口？

雖然，大家很清楚大乘般若思想（空的思想）的出場跟文殊的關係密切，無如，這部經的插曲提到文殊在前世曾經當過佛陀的善知識（指導者），也許其中隱藏幾種意思——想要主張文殊的正統性，得意地主張文殊的思想不亞於佛陀。也有人說，文殊也許真有其人也不一定。

文殊本來稱為文殊師利法王子。師利是敬體稱呼。法王子意味宗教上的王子，指他將來會當法王，也就是成佛作祖的大根器。把菩薩譬喻為王子，讓大乘教徒深感自負。菩薩的志向遠比聲聞的志氣更遠大（也有人說「法王子」應該譯作「童真」〔＝童貞〕）。

菩薩很年輕，在『阿闍世王經』第十九章上說，文殊菩薩告訴摩訶迦葉這位聲聞說：「因為你的年紀比我大」，所以才讓路給你。有時，菩薩也被譬喻為獅子。從佛教史看，聲聞是長輩，菩薩是晚輩。

一般來說，佛教很難懂。以佛經做背景的世界觀很特殊，可能是其中的理由之一。幻想與現實融合一體，諸神與人類同時存在，而現代人很難理解這種世界觀。在介紹經典以前，為了要幫助讀者容易理解起見，我在序言——「大乘是什麽？」這篇記述裡曾經略加補充。

在紀元前六～五世紀的印度社會，大體上有兩類宗教家存在。一類是婆羅門，誇耀自己擁有悠久的傳統；另一類是新興宗教家——沙門。

前者祭祀諸神、作業儀式，等於村落共同體的祭官。後者是理性主義式的哲學家，旨在救度個人。後者包括「六師外道」和釋迦牟尼。

釋迦牟尼（意思是釋迦族的聖者）出身釋迦族的王子，結婚後生下一個兒子，但是，他仍去出家修行，不久在菩提樹下開悟成佛（覺悟的人）。他除了名字以外，尚有「如來」（真理的人）與世尊（被世間尊敬的人）兩個稱呼。佛陀有四類弟子，就是比丘（出家男性）

、比丘尼（出家女性）、優婆塞（在家男信徒）、優婆夷（在家女信徒）。聆聽佛陀教法的比丘叫做聲聞，其中，有些人完成修行，叫做阿羅漢。他們認為開悟的人不只一位，所以相信以前有七佛（過去依序有七位佛，而釋迦牟尼佛是第七位）。

佛教吸收婆羅門教與民間信仰的諸神。諸神有超人的能力，但也照樣要輪迴，不能永遠做神，就以「天龍八部眾」來稱呼諸神，他們是佛教的守護神。「天」是神，例如，帝釋天與梵天。但是，兜率天與忉利天是天界的意思。「乾闥婆」是天上的音樂神、「龍」是雨神、「夜叉」是森林神、「阿修羅」是兇猛強暴神。

在西元一世紀前後，有些佛教徒自稱為菩薩。本來，菩薩是指釋迦牟尼成佛以前的階段，尤其指他前輩子的修行經過。但是，一般人只要想成佛作祖，也能照樣稱菩薩，這是當時一般佛教徒的想法。這一來，自然就出現無數的菩薩了。當然，佛的數量也隨著增加了。同時有過去佛、現在佛和未來佛的思想。在過去佛裡，比較特殊的是燃燈佛（音譯為提惒竭，意譯為燃燈、定光），佛教徒認為燃燈佛在前輩子曾經預言釋迦牟尼會成佛。彌勒佛代表未來佛（目前稱菩薩）。釋迦牟尼佛委託他傳承佛法。在空間上說，佛的數量也增加，十方世界同時存在無數的佛。

瞑想在佛教裡是很重要的修行項目，大乘的瞑想叫做三昧，有時還同時產生超能力，並給予稱呼。稱呼不是單純的符號，全都表示佛教德目。關於菩薩與國土的名稱也一樣。「娑婆」是釋迦牟尼的國土，亦即我們的世界，指「堪忍苦惱」的意思。

佛經的開頭習慣用「如是我聞」，這個「我」是十大弟子之一的阿難。因為他服侍釋尊長達二十多年，聽過最多佛法，所以，佛經就採用他的報告方式整理出來。佛陀曾經在許多地方說過法。但有一個最重要的地方是王舍城（印度北部）的靈鷲山（耆闍崛山）。

佛經通常都由若干「品」組成的，本書把「品」譯作「章」。在『阿闍世王經』與『無量壽經』裡都沒有品，我就自行分成章節了。

『阿闍世王經』

第一章　佛的集會

如是我聞（阿難），有一次，佛住在王舍城的靈鷲山。在他周圍聚集了一萬兩千位比丘，和八萬四千位菩薩。

菩薩們都有崇高的德行，克服所有慾望，學習陀羅尼（歸納起來的簡短教理）、三昧與智慧、悟得無生法忍了。他們懂得人的心理動向，能讓人依據自己的能力修得成果。

帝釋天、梵天、四天王、龍、夜叉、乾闥婆、阿修羅、迦樓羅（神格化的鷲）、緊那羅（半人半獸的神）、摩睺羅伽（神格化的大蛇）、人、非人（羅剎等鬼類）等都來聚會了。

第二章　文殊的集會

在靈鷲山的另一邊有文殊和二十五位菩薩在聚會，那裡還有幾位來自兜率天的神，也來聽文殊說法了。

第三章　怎樣獲得佛陀的智慧呢

文殊那邊的聚會開始談論了。「佛的智慧很深奧，那種心胸我們無法得到，不知怎麼辦才好？」二十五位菩薩輪流表示意見了（列舉他們的部份意見）。

・不倦不怠地累積功德，不要期待去積功德。這一來，就能獲得最高的智慧。

・讓心境保持寧靜，充滿喜悅，維持柔軟狀態。披上精進的鎧甲，邁向佛的智慧目標前進。這一來，就能獲得最高的智慧。

・修行所需要的時間測量不出來，但不要計算這些，那就是披上精進的鎧甲，這一來，就能獲得最高的智慧。

・不祈求自己的平安，旨在讓別人得到平安。這一來，就能得到最高的智慧。

・要以追求慾望來克服慾望是做不到的。若要克服，只有不去追求慾望才對。若能明白這個道理，就能得到最高智慧。

•別想「別人積功德，所以我也要積功德」，「我是一個人，時刻要精進，希望把真理教給所有的人」——只要能這樣想，便能獲得最高的智慧。

•大地在支撐一切，不讓任何一塊地方掉下來，大地既不會使他們痛苦，也不會讓他們生氣。如果菩薩也能這樣，就能獲得最高的智慧。

•懷著崇高的理想，連夢裡也不要生起阿羅漢與辟支佛的心。若能這樣做，才會獲得最高的智慧。

•向沈溺在輪迴大海的人伸出救援的手，向知識貧乏的人伸出知識的手；向貪婪心重的人伸出無慾的手；向易怒的人伸出忍耐的手。這樣做才能獲得最高的智慧。

•什麼聲音都不要聽，誰能做到這樣，誰就能不在乎世間的毀譽褒貶，不論佛說或外道的話，只要明白都是空，自己內心就不會動搖，這種人會迅速成佛。

•心量要像大海一樣寬闊，才能接納各類知識。海洋聚集所有河川的水，形成一種味道，菩薩也學習各種教法，而聚集為一種。

•若用智慧的心與清淨的眼睛看事物；就不應該有理由厭憎那些被看到的東西。其他聲、香、味、觸、法方面亦然。只要懂得這一點，便能獲得最高智慧了。

•被責罵亦不生氣，只想它的本質樣相——「誰罵？誰怒？」他人與自己都是空。若懂得這一點，便能獲得最高智慧了。

・嚴守清淨的戒律，不犯三十七品（三十七項德目），就是菩薩摩訶薩（胸懷大志的菩薩）的行為，這樣做才能獲得最高的智慧。

接著，有四位神發表意見了。

・掛有花的拘耆樹被神敬愛，有德行的菩薩被人敬愛。這樣的菩薩才能獲得最高的智慧。

・太陽出來，才能掃掉黑暗，菩薩現出智慧，才能消除衆生的無知，這樣的菩薩才能獲得最高的智慧。

・曼陀羅華的芳香薰陶十方，菩薩的戒律、三昧和智慧的芳香薰陶十方，這樣的菩薩才能獲得最高的智慧。

・落實六波羅蜜（大乘的六種實踐項目），利益衆生，讓人起信仰心、不厭憎肉身、活用善巧方便，以平常心來信仰。凡能這樣實踐的菩薩，才能獲得最高的智慧。

第四章　文殊論究佛的智慧

最後輪到文殊發表意見了。他說：「菩薩留守在不能停留的地方。菩薩學習無法學習的東西。嚴守一切，但又不會執著，這樣做才能獲得最高的智慧。

人不能掌握零碎的東西，若懂得這樣，便叫一切知，無所謂知叫做一切知。任何人都與佛平等，這樣一視同仁，對待萬物叫做一切知。」

當文殊說完後，二千位神才領悟不生的真理，一萬兩千人也明白了平等一如的真理。

第五章　化身佛的說法

有一位樂不動菩薩問文殊：「我們到佛住的地方問一下菩薩的行為如何？」這時候，文殊便運用神通造成一位化身佛，跟釋迦牟尼佛非常酷似，坐在座位上。文殊告訴樂不動菩薩說：「佛就在這裡，你可以問菩薩的行為啦。」

樂不動不知道那位是化身佛，便走前去，下跪問道：「如來呵，菩薩應該採取什麼行動呢？」

化身佛說：「就像我這樣做就行啦，我不會受制於布施，我不會被戒律、忍耐、精進、瞑想和智慧所拘泥，我不會被慾望、物質和非物質所囿，我也不會被身體的行為、言語的行爲和心理的行為所限制。」

佛問樂不動菩薩：「幻身能不能行動呢？」

「不能。」佛說：「菩薩的行為應該這樣。」

樂不動又問文殊：「這位佛是幻身佛嗎？」

文殊答說：「你不以爲所有存在都像幻像一樣嗎？」

「我的確這樣想。」

「既然這樣，那你為什麼問化身佛的行爲呢？」

樂不動又質問化身佛：「到底要學習什麼才能成佛呢？」

「不學習就是菩薩的學習。」

佛說：「若想成佛，就要學習我的行為。」

「那麼，要怎樣學習呢？」

「既不布施、也不吝嗇；既不守戒律、也不踩錯道路；既不忍耐，也不發怒；既不精進、也不怠惰；既不坐禪，也不讓精神散亂；既沒有智慧，也不愚蠢；既不完成，亦不當菩薩；既沒有修得佛法，亦不以為有真理；既不以為不是真理，亦沒有是的想法。」

佛說：「萬物存在彷彿幻象、沈默無語，一切都歸於一，沒有『這裡有這個』之類的區別存在。」

佛說：「誰學完這個，誰就能消除一切恐怖，虛空不怕風火，跟虛空一樣的菩薩心亦不會害怕什麼，他會降伏魔物，成佛作祖，做天下蒼生的保護者。」

化身佛說完這些話後，立刻失去蹤跡了。

第六章　化身佛的去處

樂不動問文殊：「化身佛到哪兒去了？」

「他沒有去處，亦無來處，隨順自己的行為，到自己應在的地方。」
「存在的東西不是不會行動嗎？」
「正是這樣，既不犯罪，亦無犯罪者。全都歸入法身（宇宙本身即佛）。」
「那麼，為何說『世人要承受自己的行為結果呢？』」
「被稱為『人』的東西，它的本質即是法身，因此，既無犯罪、亦無犯罪者。」

第七章 釋迦牟尼佛邀請文殊

文殊在那邊聚會的議論狀況，在佛的神通運作下，也讓佛這邊聚集的聽衆都聽到了。舍利弗（聲聞，佛陀十大弟子之一。以後會提到須菩提和目連亦是同樣身份）說：「文殊的說法感動了我們。」

佛說：「他的教理很平等，沒有分別心，亦無過錯，真正是智慧的說法，舍利弗呵，你們學了聲聞的學問，如果能學文殊的教理，也許就能得到智慧了。」

有一位菩薩問佛：「聲聞的學問是怎麼回事？菩薩的學問是怎麼回事？」

「聲聞的學問有界限和執著，而菩薩的學問就沒有這些。所以，菩薩的學問很廣大，充滿智慧，在說法方面沒有拘束。」

有一位光智菩薩問佛：「如來呵！請您把文殊和他們一群人叫到這邊來好嗎？好讓我們

也聽聽他的說法，也許也有心得哩！」

這句話引發了佛陀的靈感。文殊感受到了，果然率領一群人來到這裡，他們紛紛向佛陀問訊，之後才一一坐下。

光智問文殊：「佛陀明明在這兒，而你為何要在別處說法呢？」

「因為佛陀比我偉大多了，我不知自己的發言能不能符合佛的意思？所以才到別處去說話。」

佛告訴文殊說：「你說的教法符合佛的意思，既不太多，亦不太少，完全合乎正法，沒有任何更改之處。」

當佛陀說完後，八百位神終於明白了無生的真理。

第八章　佛鉢的奇跡

然而，在座另有兩百位神對於佛道起了退轉心（打退堂鼓的念頭）。

「佛法浩瀚無涯，想要成佛太困難了，我們無意學菩薩道了，乾脆學到阿羅漢（小乘的最高階段）就入涅槃算啦。」

佛陀知曉他們有能力學習菩薩道，而今起了退轉心，便展現神通，讓一位長者現身出來，又見這年長者手上端一個鐵鉢，鉢裡盛著百種味道的食物，走到佛的面前，一面呈上給佛，一面稟告：「請佛接下來。」

當佛接過鐵鉢時，文殊從座位起立，一面合掌、一面稟告佛：「開動時，讓您回憶前世的恩情。」

舍利弗聽了暗忖：「前世有什麼?文殊對佛陀還這樣裝腔作勢，簡直不像話嘛。」

佛告訴舍利弗說：「且慢，我會把你的疑念說明清楚，你先別胡思亂想。」

佛放下鐵鉢，只見鐵鉢鑽進地下，一直衝下去，經過幾個佛國土。它通過七十二恆河沙細數那樣多的國土，才到達漚呵沙這個國土，在這個國土裡，有一位荼毘羅耶佛，只見這個鉢停在該國的天空，任誰也拿不到。

當這個鐵鉢每經一個國土時，該國的居民都會忍不住向本國的佛打聽：「這個鐵鉢從哪兒來的？」

「上方有一個娑婆國土，那裡有一位釋迦牟尼佛，鐵鉢就是從那兒飛過來，因為佛要救度一群退轉的菩薩，才這樣大顯神通。」

再說娑婆國的釋迦牟尼佛吩咐舍利弗說：「你把那個鉢給我拿回來。」舍利弗顯現自己最得意的智慧力量，進入一萬種的三昧裡，接著，經過一萬個國土，但是找不到那個鐵鉢，他只好從三昧裡出來，稟告佛陀：「我雖然去找尋鐵鉢，無奈，一直找不到它！」

佛吩咐目連：「你去把鐵鉢拿回來。」

目連馬上大顯神通，進入八千種的三昧裡，穿過八千個國土，無奈，仍然看不到鉢的影子，他只好從三昧裡出來，稟告佛陀：「我雖然去找鐵鉢，但一直找不到它！」

之後，從須菩提開始一直到五百位比丘都輪流去找尋，不料，全部敗興而歸，沒看到鐵鉢的影子，須菩提告訴彌勒菩薩：「你來世會成佛，也許你有辦法拿回來。」

彌勒答道：「別提來世這件事，我現在的能力不如文殊，你何不請他去一趟？」

這一來，須菩薩便稟告佛陀：「如來呵！請您下令文殊去找一找看吧！」

於是，佛便吩咐文殊去找，文殊默然遵命了。

只見文殊坐著不動，心想怎樣把鉢拿回來？在衆目睽睽下，他進入「無所不遍入」這種三昧裡，伸手觸及地面了，接著，他的手開始向下方伸入，每當他的手經過一個國土時，就觸摸到該國那位佛的腳，讓下界發出聲響「釋迦牟尼向你們問訊啦。」

手腕上每根毛尖都現出千百億條光明，每條光明裡也散開千百億朵蓮花了。只見每朵蓮花上面坐著一位菩薩，讚嘆釋迦牟尼佛。他的手經過每一個國土時，都引起六種震動，附近展開幢幡（竹竿上掛旗）。文殊的手觸摸佛的腳，發聲問訊的情景連娑婆世界也能目睹得到。

文殊的手經過七十二恆河細沙那麽多國土，最後到荼毘羅耶佛的地方，傳達釋迦牟尼佛的問訊。只見文殊的手腕發出的光明，並不會跟荼毘羅耶（光明的意思）佛手上發出的光明交纏一起，兩者分開整齊。

荼毘羅耶佛的身邊有一位先尊菩薩，他向佛說：「這是誰的手腕？竟然呈現這樣輝煌的光芒和蓮花。蓮花上面的菩薩都在稱讚他們的佛。」

「上邊七十二恆河細沙那麼多國土的地方，有一個娑婆國，該國有一位釋迦牟尼佛，那位佛的座前有一位文殊菩薩極有智慧，他伸手過來拿缽回去。」

光尊等眾菩薩聽到了，便懇求佛說：「既然這樣，就請您把該國的情狀讓我們見識一下。」只見荼毘羅耶佛從眉間放出光明，那道光明貫穿過來，照射七十二恆河細沙的國土，到達娑婆國，才讓娑婆國的情景從光明裡浮現出來，娑婆世界的民眾沐浴在這道光明下，心境安寧、身體壯健，彷彿轉輪聖王（統一天下的聖王）那樣。比丘都證到須陀洹（小乘修行「四向四果」的第一階段）的果位，凡在三道的另一種體系「見道、修道、無學道」）以上的人，都證到阿羅漢果位，菩薩也能體悟及日明三昧了。

漚呵沙國的眾菩薩目睹娑婆國的菩薩，不禁淚水直流地說：「他們怎麼住在這樣骯髒的世界裡呢？太可憐啦，他們彷彿掉在垃圾堆的瑠璃（寶石、玻璃）一樣在活著。」

荼毘羅耶佛說：「你們可不能這麼說，因為在我國坐禪千劫這麼久的功德，還遠不如在那裡片刻慈悲行的功德，那個國土的菩薩很短命，只能修行很短時間，不過，卻能把罪業消除掉。」

娑婆國的菩薩問釋迦牟尼佛說：「這道光明從哪兒來的？竟讓我們的身體清爽起來。」

「那是來自下方七十二恆河細沙國土那邊的漚呵沙國，那裡有一位荼毘羅耶佛從眉間放出光明來。」

衆菩薩央求佛說：「請把那個國土顯現出來讓我們瞧瞧好嗎？」這一來，釋迦牟尼佛就從腳下放出光明了，當光明到達下方七十二恆河細沙的國土前邊那個漚呵沙國時，便照射到那位佛的身上了。漚呵沙國土的衆菩薩沐浴在這股光芒下，也都證得了摩伌低三昧。

娑婆國的衆菩薩與漚呵沙國的衆菩薩，都目睹到對方國土的佛菩薩了，彷彿從地面仰望太陽、月亮和星辰一樣。

文殊伸出右手拿到了鐵鉢，鉢跟千百那由多（巨大的數目單位）的衆菩薩一起上來了，隨著手在上升，毛尖出來的光線與蓮花數量漸漸減少，到最後全部消失了，只見手上握著鐵鉢而已，文殊從座位起立，向釋迦牟尼佛敬禮，呈上鐵鉢，來自下界的衆菩薩也向釋迦牟尼佛敬禮後坐在一邊。

第九章　文殊是釋迦牟尼佛的恩人

佛告訴舍利弗說：「我現在要回答你的疑問啦。在久遠以前，有一個叫做無常的國土，住著一位勇莫能勝佛，他有一位比丘弟子叫做慧王。有一天，當這位比丘托鉢行乞時，一名奶媽懷抱一個孩童叫做離垢王來到城門外，那個孩童一看到比丘，便從奶媽的手腕中掙脫，走到比丘面前央求食物吃。比丘便把乞化來的蜜餅遞給孩子，孩子覺得蜜餅真好吃，就忍不住依依不捨，跟著比丘來到佛住的地方，孩子向佛問訊，之後坐在一邊。

慧王比丘把鐵鉢交給孩子，勸他把食物呈上給佛，孩子便把食物來回分配給佛、八萬四千位比丘和一萬兩千位菩薩了，不料，鉢裡依然裝滿食物，一點也不減少，這是佛大顯神通讓孩子歡喜之故。

孩子走到佛面前讚嘆：『雖然我把食物呈獻給佛爺和所有佛弟子，但是，鉢裡的食物沒有減少。我才知道佛的能耐無限量，只要供養佛爺，功德會增加好幾倍。』孩子僅以一鉢食物持續供養七天。佛授予孩子五戒（不殺生，不偷竊……等五項基本戒律），讓他起無上正等正覺的心。

父母親終於來到佛住的精舍找尋孩子了，孩子一看到爸媽，就說：『我現在聽到菩薩的教理啦，請你們允許我當沙門好嗎？因為千載也難逢佛爺住世……。』

爸媽說：『好吧，我答應你了，你的歡喜也是我們的歡喜，我們也效倣你遵從佛爺的教理。』這一來，孩子與雙親，以及其他五百人都起了無上正等正覺的心，在勇莫能勝佛座下做沙門了。」

佛告訴舍利弗說：「當時的慧王比丘，就是現在的文殊，那位離垢王即是我自己。文殊把鐵鉢遞給我，讓我方便累積功德，湧起信仰心，在前世，他才是使我發心的恩人。」

第十章　文殊是菩薩的父母

佛又告訴舍利弗說：「不僅是我個人而已，還有無數位佛也是靠文殊才發心的，在這些佛裡，也有目前正在大轉法輪（說法）者，亦有已經入涅槃者，還有在修菩薩行者，甚至有些在兜率天等待投生到地上來。其實，文殊就是菩薩的父母和好友，他說：『要想起昔日的恩情』，便是這段因緣。」

打算要退轉的兩百位神，聽到佛陀的發心係得力於文殊，便立刻恢復了勇氣，其他聽衆也很感激文殊呈鉢的奇蹟。這些就是他們初發心（最先起了成佛的念頭）的契機，來自漚呵沙國的菩薩們，終於起了無上正等正覺的心，十方諸佛用寶石造作花傘，散在三千世界，從花傘裡發出聲音，彷佛佛在說法一樣，而這些全部由於文殊的引發才發起的。

第十一章　三個孩童的志向

佛告訴舍利弗說：「想要般涅槃（完全涅槃）的人不怕生死（迷界）。企圖逃避生死的人，反而會停在生死界上。反之，精進成菩薩的人，全都跟成了佛一樣，關於這一點，你們聽我說吧。

久遠以前，有一位佛叫做一切度，他座下有兩位弟子，一位叫莫能勝，另一位叫得大願。有一次，佛率領衆比丘出外行乞，莫能勝走在佛的右邊，得大願走在佛的左邊，當時，前邊正好有三個富家孩子在遊玩。其中一個孩子對其他兩個玩件說：「如來（佛）率領弟子們走來了，彷佛衆星拱月一般，我們都來供養佛吧。」

他們紛紛卸下身上的裝飾品，一面唱讚歌、一面走近佛的身邊了。「走向佛的身邊，好像跟渡河一樣，因為能淸洗我們的心，越過洶湧浪濤，到達寂靜的對岸……。」

一個孩童說：「我希望靠這份功德，將來能當佛爺右邊那位尊者。」另一個孩童說：「我希望能當左邊的尊者。」他們同聲問另一個童件：「你的願望怎樣？」那個孩子答道：「我想當佛爺，光芒四射，彷佛獅子走路一樣，後邊始終追隨一大群人。」

這時候，乍聞諸神在空中發話：「好極了、好極了，你發了了不起的願望，世間的一切衆生都可能蒙受你的恩惠。」

當這三個孩童走近佛的前面時，佛告訴一個叫做沙竭的侍者說：「你看見那三個孩子手持串珠嗎？走在中間那個孩子滿懷歡喜，一副威風凜凜的姿態。他抬腳一步，他的罪便會在百劫中消滅，當他落腳一步時，便能出生百次的轉輪聖王。」

這三個孩童走到佛前，紛紛將手上的白色串珠放在佛的身上了，兩個希望當聲聞的孩子，把串珠放在佛的雙肩上，那個發無上正等正覺的孩子，把串珠放在佛的頭頂上，這些串珠在空中形成珠網帳，裡面現出一張椅子，如來坐在椅子上會心微笑了，沙竭忍不住問佛發笑的原因。

佛說：「你看到了那兩個發心做聲聞的孩子吧？他們不怕生死，所以才不想當菩薩，只急著入涅槃，其中一個會作智慧卓越的聲聞，另一個會當神足（超速度的腳力）卓越的聲聞，中間那個孩子會成佛。」

這一來，釋迦牟尼佛便問舍利弗：「你知道中間那個孩子是誰嗎？」

舍利弗答道：「不知道。」

佛說：「那個孩子就是現在的我，你可明白右邊的孩子是誰嗎？」

「不知道。」

「那個孩子正是舍利弗，左邊的孩子是目連。因為你們曾經陪伴我，由這份善行才能當聲聞，得到解脫，如果想要般涅槃，就非像我一樣立志成佛不可。」

佛終於向他們講述摩訶衍（大乘）的教法了，大比丘們發出嘆息的聲音：「啊！若要求道，就應該發起高貴的心，我們懊悔不曾發起菩薩心，只證到阿羅漢。如只能到這裡，那是前世犯了五逆罪（殺父、殺母、殺阿羅漢、破壞僧團、傷害佛）。誰若犯了這些罪，也仍然可能發起無上正等正覺的心，因為我們燒掉了成佛的種子。」

第十二章　阿闍世拜訪佛陀

當時，阿闍世王搭乘馬車，在群臣前呼後擁下來到了佛陀的精舍。他向佛問訊後坐下，開始問佛：「世人為什麼會犯罪？」

「因為被囿於『我』這個念頭，從愛自我引發行動。」

阿闍世王又問：「為什麼會執愛自己呢？」

「無知。」

「無知的原因是什麼？」

「看不見本來面目。」

「這到底是怎麼回事？」

「因為看不出事物的呈現彷彿幻象一樣。」

「呈現什麼呢？」

「不是有什麼東西，所以說像幻象。」

「那麼，要怎樣掌握根本不呈現、不存在的事物呢？」

「不呈現、不存在，所以才不能掌握。」

「為什麼起疑心呢？」

「那是沒有根據。」

「沒有根據是怎麼回事呢？」

「沒有可信之道。」

「道是什麼？」

「那是脫離淫慾、憤怒和無知的途徑。」

阿闍世王說：「如來的教誨真是太殊勝了。這樣的教誨為什麼大家聽不進去呢？因為大家只會思念自己的事。我因為貪婪權勢，聽從壞人的話，才殺害了父王，我而今陷入不安的情境，無處可逃，雖然我在飲食、處理政務、陪伴妻妾或獨自一人時，也一直難忘不安與惶恐，寢食難安，一直活在恐怖下，我肯定會掉入地獄裡。」

國王繼續說：「聽說佛對待一切衆生都一視同仁，表示親情，始終不忍心看見衆生受苦，佛呀！請您讓我安寧下來好嗎？除了佛以外，誰也無法救度我啦。」

第十三章　邀請文殊吃飯

佛目睹阿闍世王認真訴苦，深知世間除了自己和文殊以外，任誰也救不了他，於是大顯神通了。被神通力所感召，舍利弗稟告國王：「明晨不妨邀請文殊來吃飯，聽他說法會很有助益。」

國王央求文殊說：「明天早上請您光臨宮殿，我想請您吃飯。」

文殊說：「光用這些話來供養就很夠了，因為佛法不是為了衣食……。」

國王很困惑地問：「那要怎樣表示才好呢？」

文殊說：「洞悉事物，不汚穢、不執著，亦無所畏懼的話，你的願望才能實現，別把事物概念化，別再考量到底有無事物的真正存在？才能達到你的願望。」

國王說：「我會接受您的意見，反正請您大駕光臨到我的宮殿一趟。」

文殊說：「且慢，只要你沒有抱持『我』這個念頭的話，才能達到你的願望，別去分別『四大』（四元素—地、水、火、風）、『五陰』（即五蘊—組成身心的五項要素：色、受、想、行、識）、『三界』（三種世界—慾界、色界和無色界），亦不分別迷界與悟界，不去想有沒有罪，那麼，你才能實現願望。」

國王說：「聽您說話，我更加歡喜了，總之，請您接受我的邀請好嗎？我希望藉這個機緣得到平安。」

「你想靠什麼機緣得到平安呢？其實沒有什麼東西可當作機緣。所以，你也不能得到平安，你別再想這種事，也不必去思量任何事，只有這樣才是機緣，才能得到平安。先有不安，之後才消失，或先無不安，之後才有生起，這才叫不安，倘若任何事自始至終都沒變化，就是平安了。」

國王問：「你說沒有變化這句教理，到底是怎麼回事？」

「那是空的教理，意指沒有行為，亦無行為者。如果認為『我有行為』或『沒有』，這就是變化，在無『我』這個念頭下，也無生死的存在。」

國王問：「您說沒有生死是怎麼回事呢？」

「不以為過去是已經過去了，也不以為未來是尚未到來，不以為現在是無常（一直變化），不以為各種存在有增有減，這一來（不會妄想時間變化），生死就沒有了。」

國王問：「迷遇到悟是怎麼回事？」

「太陽會遇到黑暗嗎？」

「不會相遇，因為太陽所在就沒有黑暗。」

「那麼，黑暗到哪兒去啦？」

「不知道。」

「情形也一樣，當悟一來到，迷不知跑到哪裡去？」

文殊繼續說：「悟等於迷，迷也等於悟。原因是悟與迷都是空的，誰若知道這一點，誰便能在迷裡得悟，因為到處找迷，也不知迷到底在哪裡？只要領悟這一點，便叫做悟。」

國王繼續說：「我還不太明白，到底怎樣才叫迷中得悟呢？」

「迷中得悟——不去思量它才能得悟。」

國王問：「悟要怎樣學習呢？」

「就像學習其他真理一樣。」

「學習開悟會到達怎樣的境界呢?」
「達不到什麼境界。」
「連涅槃也達不到嗎?」
「因為一切都已經在涅槃裡面。」
國王問:「那要學習什麼線索才好?」
「學習開悟就是不仰賴任何線索。」
「連戒律、三昧和智慧的生活也不落實嗎?」
「你不妨這樣想:不依靠戒律,不追求三昧,亦不誇耀智慧生活,果真如此,就不妨依存戒律,追求三昧,或誇耀智慧生活。這一來,就不要藉什麼線索了。」
國王問:「那要怎樣邁向覺悟之道呢?」
「不要考量有或沒有永遠的東西?能或不能到達涅槃這一類問題。」
國王說:「你說得妙極了、妙極了。請您答應我的邀請吧!若仔細一想,按理說沒有我這個人的存在,我也會不安。」
「從無中除去不安是不可能的。」

第十四章　佛勸文殊答應國王邀請

這時候，佛終於向文殊說話：「你就答應國王的邀請吧！因為你可以利用這個好機會教導許多衆生啊！」

「既然如來這樣吩咐，我只好從命啦！」

國王歡喜躍雀，聽舍利弗說有五百人會去作客，國王便匆匆回宮去準備，宮裡內外忙著煮佳餚、豎立幡旗、張起帳幕、散落鮮花、噴射香氣、安排五百張椅子。

到了初夜（六時—十時）時分，文殊暗自沈思，他想讓聚會的場面更壯觀，好讓聽衆受到感動，所以，他迅速飛去東方八萬二千佛國土那邊的常名聞國。因為該國的樹木是寶石造成，長出五彩繽紛的葉子、花朵與果實，在微風搖曳下發出佛與僧的響聲，文殊便央求該國的衆菩薩前來支援，以便壯大聲勢。

第十五章　文殊的陀羅尼說法（初夜說法）

兩萬兩千位菩薩們應邀來支援娑婆世界了，文殊向他講解陀羅尼（說出四十餘項陀羅尼，現在只介紹一部份）。

- 理解一切教法。
- 別期待任何事情。
- 即使採取行動，也不要被結果動搖。

- 巧妙回答衆人的質問。
- 在大庭廣衆面前不要害怕。
- 別抱持厭煩心。
- 勤守戒律。

文殊說：「陀羅尼（總持）是短句，方便憶持（記憶與奉行）教義的要點，怎樣記憶與奉行呢？不外把教理看作空、不執著，雖然空間摸觸不到，但它能保持一切東西，好像這樣憶持下去，雖然大地保持萬物，但大地卻不會意識它，好像這樣憶持就行啦。」

當文殊說完後，五百位菩薩也都領悟了陀羅尼法。

第十六章　講解菩薩藏

到了夜晚第二階段（十時～二時），文殊談到菩薩藏了。

「所有教義（法）都在這個藏（菩薩思想的集合體）裡面。例如，凡夫的教理、外道的教理、聲聞的教理、辟支佛的教理和菩薩的教理都在這個藏裡，彷彿百億個國土、百億個太陽與月亮、百億座須彌山（佛教宇宙觀中有一座巨大山峰），和百億個海洋也都被收容在三千大千世界裡面。

菩薩藏亦可稱作三藏，三藏就是聲聞藏、辟支佛藏和菩薩藏。聲聞是聆聽教法的人，辟支佛（緣覺）是悟解十二因緣的人，菩薩是修習無數教法，靠自己力量成佛作祖的人。

聲聞的學業有限，因為他只想到自己的覺悟。辟支佛的學業屬於中等，原因是缺乏慈悲。菩薩的學業是無限，因為它放在法身裡，具有大慈大悲。

聲聞不懂辟支佛的學業，辟支佛不懂菩薩的學業，然而，菩薩兼通聲聞與辟支佛兩門學業，但他不喜歡那些，他喜歡菩薩的學業，所以不時勸導聲聞與辟支佛。」

第十七章　不退轉的車輪、前進似金剛（第三夜說法）

到夜晚第三階段（二時—六時），文殊又講述不退轉車輪，及像金剛一般前進的狀況。

「這個車輪不回轉，因為它無差別（差別才不朝向一方）

這個車輪不停止，因為它無差別（差別才不朝向一方）

這個車輪可以走向任何地方，因為法身不壞所使然。

誰若乘坐這個車輪，誰就會脫離一切想念，甚至也脫離已經離掉那種想念的念頭，他置身在自由無礙的境界。

這個車輪朝往佛的境界邁進。

這個車輪不讓物質（色）回轉（不改變物質的看法）。如實看物質，亦不會使感覺、想念、意慾和判斷回轉。

這個車輪不斷前進著，彷彿用金剛鑽在寶石上面穿洞一樣，用『空』的鑽子不停地貫穿真理。

不懷願望即是金剛鑽子，它能使沒有解脫的芸芸衆生得到解脫。」

文殊說完後，衆菩薩也都領悟了日光明花三昧。

第十八章　文殊前訪宮殿

天亮了，阿闍世王的使者來通知文殊菩薩說：「時辰到啦，請您們起程吧！」

這時候，摩訶迦葉（聲聞，佛陀的十大弟子之一）率領上百位比丘正在往城裡行乞，他發覺時間還早，便走近文殊這邊來搭訕了。

文殊說：「怎麼一大早要出門？」

「我們想去行乞啊！」

「既然這樣，何不跟我們一塊兒走？因為有人請我們去吃飯。」

「不必啦，我們走前來純粹要談些法義的事情。」

「果真如此，那一定要去，因為今天去吃飯也純粹要說法啊。」

「既然這樣，我們就一塊兒去。」

文殊暗忖：「進城也該像佛的作風一樣，總要有一番感人的場面才對。」一想到此，文殊進入無所不感動的三昧裡，他看見娑婆國土平坦得像鏡面一般，連山峰與丘陵都不見了，文殊的身體發射出光明，地上人間沐浴在這道光明下，都忘了淫慾、瞋怒；連地獄的罪人也忘了痛苦，大地發生六種震動，諸神用舞樂與花雨來供養文殊了。

文殊前進的所在，都架起寶珠的帳幕，地面舖著鮮花，路旁的樹木在四十里平方以內飄蕩著芳香，樹木與樹木之間出現池塘，池底呈露砂金的光亮，池水具有八種味道，蓮花之間有鴛鴦在遊玩，樹上的台架上面有一百名少女，手持蓮花，焚著旃檀香。這些全都得力於文殊施展三昧的神通，才使附近的情狀完全改觀。

第十九章　菩薩像獅子

文殊從座位上起立，身上披著大衣，告訴摩訶迦葉說：「請你走在前面，因為你出家比我早，比我先當沙門。」

摩訶迦葉說：「佛法跟年齡無關，而你有的是智慧，雖然年紀輕，也有勝過老年人的地方，譬如幼獅出生不久，體力不及其他成長的動物，殊不知牠的架勢雖小，倒具有百獸之王的香氣，而這種香氣足以披靡所有的野獸。例如，一頭年齡六十歲的大象，也生長六顆牙齒，被一條頑強的皮繩子拴繫著，當幼獅子走前去，大象一聞到那股香氣就情不自禁起了畏懼，拚命想掙斷那條皮繩子而逃。菩薩初發心時，雖然只有些微的力量，但也已經不是聲聞與辟支佛所能及。

雖然，幼獅目睹自己的父母發出獅子吼，聲勢嚇人，牠也不會恐怖，毋寧說，反而樂於見習父母親的豪情萬丈，菩薩也一樣，他們聆聽佛在說法，目睹佛的行為，亦不會恐怖，他們反而樂於見習和倣效。所以，你應該走在前頭。」

這一來，文殊果然走到前頭了，衆菩薩跟進，而聲聞走在菩薩後面。

第二十章　阿闍世的困惑

阿闍世王聽說文殊率領兩萬兩千五百位菩薩，和五百位比丘走來，不禁十分驚異，心想：「我只準備五百人份的飲食，我那有地方讓這麼多人坐呢？」

這時候，突然出現一位尊神叫休息心，他稟告國王：「請您別耽心，文殊懂得善巧方便，會用神腳辦事，只要端上一碗飯給文殊，他能使三千大千世界的一切衆生吃得飽飽，因為文殊有無量的功德呀！」

國王聽了心裡稍寬，便率領樂隊，手持鮮花和香料去迎接文殊等一行了，文殊吩咐一位菩薩在瞬息間，備妥了兩萬三千個座席，文殊和衆菩薩也紛紛就坐了。

帝釋天與梵天都率領家眷來訪，站在文殊左右侍候。帝釋天的妃子與天女把香料撒在文殊等菩薩身上。衆菩薩的心可沒有被天女、音樂和鮮花轉動分毫。梵天化身一名年輕英俊的婆羅門站在文殊右側，替他搖扇子。梵天的兒女們分別站在衆菩薩和比丘們右側搖扇子。

阿耨達龍王（棲息在喜馬拉雅湖的龍）仍然隱身在空中，垂下若干珠子綴造的幡帳，珠綴紛紛落下八味水，滿足了文殊等菩薩們的需要。

國王心想：「這群貴客都沒有帶鉢來，糟了，宮裡那有這麼多鐵鉢呢？」

文殊洞悉國王的心事，便安慰他說：「這群菩薩都不必持鉢到餐廳去，只要他們腦海裡一想到飯鉢，那個飯鉢便能從自己的國家飛奔到他們的手頭上。」

果然，衆菩薩起了鉢的念頭，這一來，飯鉢成群飛過來，抵達阿耨達池邊，自動洗乾淨，又裝滿了水，只見龍的宮女們端著飯鉢給衆菩薩。

國王開始分配食物了，備妥的飲食一點兒也不少，國王告訴文殊：「飲食沒有減少哩！」

「不減是因為你有疑念。」

衆菩薩飲食完畢，飯鉢就飛上空中，鉢在空中排列整齊，停在那兒既不會掉下，也不會搖動。

國王問文殊：「這些飯鉢依靠什麼，才能停在空中呢？」

「你是問飯鉢停在什麼東西上嗎？這跟你的疑慮（不安）停在什麼東西上面一樣。其實，飯鉢根本沒停在任何東西上面，也不停在地面上，或其他任何東西上面，這跟你的疑慮沒有地方停留完全一樣。」

第二十一章　「諸佛也救不了阿闍世」——阿闍世王的驚異

飲食一完畢，國王搬一張椅子坐在文殊前面，說道：「請您解除我的不安好嗎？」

「即使多如恆河細沙的佛也消除不了你的不安。」

國王驚訝地從椅子上掉下來，彷彿巨樹倒塌一樣，摩訶迦葉告訴國王說：「請您放心，文殊運用方便才這樣說話，您先靜下心來，再問他一次。」

這一來，國王又大膽地問：「為什麼多如恆河細沙的佛也消除不掉我的不安呢？」

文殊反問國王：「倘若有人說：『我能用塵埃污染虛空，你可相信？」

「不信。」

「倘若有人說：『我能把虛空的污垢洗落下來。』』你可相信嗎？」

「不信。」

文殊說：「心彷彿虛空一樣，因為心境常常在安寧中。試問不存在的不安能夠消除嗎？所以，我才說：『多如恆河細沙的佛也不能消除你的不安。』」

文殊說：「佛根本不曾在身體的內外發現有心的東西。所謂內心不安到底從那兒看得到呢？因為一切都是一開始就解脫了。一開始就解脫的東西也不會執著於空，因為沒有必要，萬物都在沈默著。許多存在沒有『對立』（雙），沒有境界線，亦無可切斷之處。沒有虛偽的存在，那是因為沒有真理之故。一切存在充滿和平，因為它們自己沒有想念。一切存在充滿著確信，因為那些既無執著，也無排斥。」

第二十二章　一切都是無和法身

文殊告訴國王說：「佛教是教導不生的宗教，既然沒有生的存在，難道會有淨（生起清淨狀態）的東西嗎？」

「沒有。」

文殊繼續說：「佛是很清楚的，存在現象彷彿涅槃一樣寂靜。所以才不可能脫離不安，許多存在應該如實觀察，這一來，才會明白不取不捨，各種存在充滿和平，所以才沒有起疑的餘地。既不增加，亦不減少，因為各種存在本來就沒有，所以，才沒有變化。誰若明白這一點，誰就能除掉一切不安。

既無潔淨的東西，亦無汚穢的東西；各種存在本無差別，心境既無汚垢，亦無潔淨。心是看不到的，不知道有差別、自然無汚穢了。任何存在皆屬法身，不安亦是法身，甚至不能把不安趕到何處去？」

國王告訴文殊說：「您的教誨太棒了，總算除掉我的不安了。」

「你說除去不安的本身，就是很大的不安，如同上述，本來沒有存在，不知你從那裡拿到不安呢？」

「承蒙您的教誨，才讓我的心寬暢起來。現在既不入涅槃，亦不憂慮死亡。」

「大王所想的東西（涅槃）並不存在，因為一切從開始就在涅槃，所以，才不生什麼涅槃。」

第二十三章　拒收衣服

國王從座位起立，把價值千百億元的衣服掛在文殊的身上。誰知文殊忽然失蹤，只見衣服停在半空中了，同時，空中傳來說話的聲音：「大王呵，就像你現在觀望文殊的角度來觀察自己的不安。倘若看不到不安，那麼，就該用這個觀點來注視萬物的存在。」接著，空中又傳來聲音說：「大王呵，你看得到誰的蹤跡，就把衣服送給誰好啦！」

文殊旁邊有一位得上願菩薩。國王打算把衣服呈獻給他時，他卻說：「如果你在追求解脫，我就不收你的衣服，如你能不近不離佛陀的教誨，我就收下你的衣服。如果你沒有分別心送給我，我會收下來。」

國王想把衣服給菩薩掛上時，突然不見菩薩了。只聽菩薩說：「大王呵，你若能看到誰的蹤跡，就把衣服送給誰好啦！」

這位菩薩身邊有一位見諸幻菩薩。當國王想把衣服獻給他時，他便說：「在你心目中若有別人和自己的存在，我就不收你的衣服，若有人在聚精會神，或在心神散亂，我也不收這種人的衣服，不論有無智慧的人，我都不收他們的衣服。」

國王迅速把衣服丟給菩薩，誰知菩薩突然失蹤，只聽一陣聲音：「大王呵，你若能看到誰的蹤跡，就把衣服送給誰好啦！」

這位菩薩身邊有一位不見幻至泥洹菩薩。國王一面走前去，一面說：「那些上座（高僧）都走了，請你收下吧。」

誰知對方也說：「只要你不會執著五蘊、四大和六衰（色、聲、香、味、觸、法），也不執著佛、法與僧，那麼，我便收下衣服。」

當國王想把衣服獻給他時，對方消失了，只聽到聲音說：「大王呵，你若能看到誰的蹤跡，就把衣服送給誰好啦！」

這一來，衆菩薩逐一失去蹤影，一個也沒留下來，國王只好對摩訶迦葉說：「在一群聲聞裡，算你德高望重，理應收下衣服才好。」

摩訶迦葉說：「我沒有完全克制淫慾、瞋怒和無知，既不能教導別人，亦不能讓他們開悟。縱使布施給我，也得不到什麼大功德，倘若你的觀點跟我一樣，那麼，我就把衣服收下。」

國王準備要讓他披上衣服時，摩訶迦葉也不見了，只聽到他的聲音說：「你若能看得到誰的蹤跡，就把衣服送給誰好啦！」

結果，五百位比丘也逐一失去了蹤跡。

第二十四章　阿闍世王的覺悟

國王環視左右，便想把衣服讓妃子披上，誰知連她也消失了。剎那間，國王進入三昧裡了，五蘊中的「色」（物質）看不到了，人、樹木、家屋、城廓等也消失，不過，五蘊中的「想」（想念）反而留下若干，那就是尚有一絲自我的念頭。

只聽見一陣說話聲音：「如同你所見的一切事物，看一看自己的不安好了，注視萬物，彷彿注視這種不安一樣，目睹事物，可不要思量自己正在注視，亦不要思量被注視的東西，這才是對事物的正確觀點，大王呵，你若看到誰的蹤跡，就把衣服遞給誰好啦！」

國王正要把衣服披在自己身上時，居然連自己也不見了，國王的意識與念頭也沒有了，這叫做脫離想念，亦叫脫離不安。國王離開了三昧，這時候，衆菩薩和比丘也一一現身，恢復原樣，還有妃子和官員們也一一現身，恢復原樣了。

國王告訴文殊：「不知剛才那些人都到哪兒去啦？怎麼全都看不見呢？」

「凡有你不安的地方，就有那一群人。」

文殊問國王：「現在看得見群衆了吧？」

「看得見。」

「你以怎樣的態度來看待他們呢？」

「我能看到自己的不安，就以如此態度來面對。」

文殊問：「你如何看得見不安呢？」

「就像剛才看不到群衆一樣，在自身內外都看不到不安。」

文殊問：「佛陀說：犯了大罪會下大地獄。大王，你以為自己會下地獄嗎？」

國王回答：「當佛陀開悟時，有什麼東西上升天界？或下地獄呢？得到平安或入涅槃嗎？」

文殊說：「沒有。」

國王說：「我領悟了萬物的存在即是空，地獄亦空、天界與平安也是空。各種存在都不會壞，因為它在法身裡面，法身裡亦無天界，無所謂人間界、地獄界、畜生界和餓鬼界。罪不離法身，犯罪者亦不離法身，任何罪的根源都是法，不論過去或未來都無來去。各種存在無來亦無去。誰若懂得這個，誰就不下地獄，既不上天界，亦不入涅槃。」

文殊說：「佛陀說『有罪』，為什麼你說『沒有』呢？」

「我聽從佛陀的教法，無我即佛教。所謂真理，不外無我的真理。它意謂沒有人，既無人犯罪，也無人受罰。」

文殊問：「大王，你脫離不安了嗎？」

「雖然脫離原來的情況，但也再一次脫離了。」

「疑慮消失啦。」

「自始至終就沒有過疑慮。」

文殊問：「群衆怎樣知道你脫離了罪過呢？」

「因爲我聽從佛陀尊貴的教法，才理解何謂『我』者？群衆從這一點明白我脫離罪過。群衆這種態度類似菩薩得到忍耐心，便寬恕惡人一樣，菩薩是智慧的權化，經常發起好心願。」

那羅頭梁耶菩薩告訴國王：「你的罪過已經清淨了。」

國王說：「一切存在本來就清淨的，它們沒有污穢。在真理的道上沒有欠缺，誰若步入大罪的路上，誰就不離生死，不見涅槃，大罪之道既不能去，亦不能靠近。」

當國王獲得這種確信時，三十二位妃姬便起了無上正等正覺的心，還有五百位侍從也證入須陀洹之道了。

在這以前，王舍城的居民擁向宮殿來，希望目睹說法的盛況，文殊為了不讓他們失望，便用腳拇趾一踩地面。只見宮殿牆壁與床鋪忽然變成瑠璃，從外面看時，宮殿內的樣子呈現得一清二楚，有些居民聽完文殊說法，便有八萬四千人證入須陀洹道，另有五百人起了無上正等正覺的心。

當文殊說完了法，便向居民與國王祝福，從座席起立，率領衆菩薩與比丘走出宮殿。

第二十五章　弒母與弒父母

國王歡送文殊一行到城外，誰知路上有一個漢子在哭叫：「我殺死自己的母親，不知還有救嗎？」

文殊運用神通，化作一個兒子和父母親等三人在走路。只聽父母親吩咐兒子：「我們走這條路，因為這條路才對。」誰知兒子不贊成，說道：「這條路根本不對勁！」雙方談來談去都沒有結果，頃刻間便爭執起來。兒子一怒之下，居然動手殺了父母親。

剛才弒母的漢人，目睹化身兒子殺死父母後十分懊悔，便走前來哭泣不休。化身人告訴弒母漢子：「我殺死了法典上沒有記載的父母親，而今只有求救於佛陀了，凡是無處皈依的人，佛陀都能收容，同是無人庇護的人，佛陀也會庇護。我想，聽佛的教法，也要遵從佛的教誨。」

化身人上路了，弒母漢子暗忖：「我只殺死母親一個人，而對方犯的罪過比我還大。如果他能得救，那我也一定能得救。」這一來，他就跟著化身人後面走去。

兩人一邊哭泣，一邊走到佛面前，問訊完畢，就坐在一邊。只聽化身人說：「我幹了壞事，不該把父母親都殺死了。」

佛說：「好，好！你說話誠實，沒有撒謊，你沒有隱瞞罪過，居然據實說出來。你不必怕，亦不必操心，好好聽我的教誨。」

「我會聽從，請佛庇護我吧！」

佛說：「你不妨考慮一下心這個東西，在過去、未來和現在三種心裡，到底哪一種心殺死了父母呢？」佛繼續說：「過去心已經消滅了，也不知它去了哪裡。未來心不能說，因為根本尚未生起，也不存在哩。現在心不會停止，心一起來便消滅，心是不是青色都不知道。是不是白色或黑色也不清楚，我們看不到心，亦掌握不到心，沒有東西陪伴它，彷佛幻影一樣，不論體內、體外或中間都看不到它的蹤跡。」

佛說：「縱使有愛情的感受，亦看不到自己的心。縱使感覺怒不可遏，亦看不到自己的心。大夢初醒時，似乎看見夢中那顆心，才是心的本質，好像有一顆心，看到它有所作為，或無所作為的樣子，既不給予什麼，亦不會得到什麼，因為心本來不骯髒，才無所謂怎樣清淨它。」

佛說：「心既不在這裡，亦不在那裡。它好像幻影一般難以掌握，誰若明白這一點，誰就不會懷有任何想念，不會去思量自我到底存不存在？不會去思量看得見的東西到底存不存在？各種存在都寂靜不動，凡擁有這種信念的人，都不會下地獄，原因是，他沒有汚穢的餘地。」

化身人說：「大妙了、太妙了，佛就是法身性質的佛，今我接受了佛的教誨，我堅信不疑一件事實——既無犯罪的事，亦無受罰的事，既無生起的東西，亦無消滅的東西，各種事物如實存在，我要當沙門去啦。」

佛說：「讓你稱心如願吧。」只見化身人果然變作沙門的樣子，他說：「我雖然犯了滔天大罪，但現在成了阿羅漢，接著，我打算入般涅槃了。」

佛說：「讓你稱心如願吧！」化身人突然飛躍空中大約二十丈左右，從他的身上噴出烈火，頃刻間把自己的身體燒毀了。

第二十六章　弒母後的解脫

弒母漢子凝心靜息地聽化身人和佛在對答，他心想：「他犯了滔天大罪，還能當了沙門，得到救度，也進入般涅槃，我沒有理由不能得救。」一想到此，他便向佛問訊，說道：「我幹過壞事，曾經殺死母親，現在要皈依佛好嗎？」

佛說：「好呀、好呀！你的話很誠實，沒有撒謊，也從實招供了，在佛面前沒有隱瞞罪過，全都一五一十說了出來。」佛把向化身人說的話又跟他說一遍。「誰能正確知曉心的本質，誰就沒有想念，沒有執著的對象。這一來，誰就能獲得無礙自在，不會下地獄。」

這時候，只見他身上所有毛孔都噴出地獄的烈火，一陣劇烈的苦痛襲擊了他，他在夢中唱道：「我要皈依佛了，請庇護我好嗎？」

佛伸出金色的手撫摸他的頭，烈火馬上消失，苦痛也解除了，他央求佛給自己當沙門好嗎？佛答應了，當佛給他講解四聖諦的教理時，他立刻得到法眼，證了阿羅漢果，他又央求佛，而後證了般涅槃。只見他躍上空中一百四十丈左右，從自身噴出水來消滅火，這時有千百億位神飛來供養他了。

舍利弗稟告佛說：「佛實在了不起，原因是，他竟然能讓為非作歹的人也得到解脫，除了佛，還有誰有這種本事呢？文殊和衆菩薩因為披上深厚的鎧甲，才能理解這種事，阿羅漢和辟支佛顯然不能理解的。」

佛告訴舍利弗說：「菩薩雖能住在佛國土裡，但阿羅漢和辟支佛卻不能夠。因為阿羅漢和辟支佛無法知曉一切衆生的行為，有些人所得的報應看起來似乎跟他的行為互相矛盾，阿羅漢和辟支佛不明白這一點。依他們看，人犯了罪，當然要下地獄，我卻不讓他下地獄，反而能使他入涅槃，有人以為他們一定會入般涅槃，而我知道他會下地獄。」

佛告訴舍利弗：「你看到那個弒母的漢子入了般涅槃吧?!」

「我看到了。」

「那是因為他在前世供養過五百位佛的緣故，同時，他也繼續從諸佛口中聽過『心本來清淨』的教理；才能在今世聽聞同樣的教理，並能徹底明白，而後除掉不安，同時證入般涅槃。」

第二十七章　阿闍世王的前世與來世

文殊和阿闍世王等人來到佛的精舍。

舍利弗問國王：「你不會不安心了吧？」

「我聽完教法，便除掉了不安，既沒有得到什麼，也沒有沒得到什麼，自從我聽到這句教法以來，我的汚穢就沒有了。」

舍利弗問佛：「國王的罪是怎麽回事呢？」

「他聽過的教理彷佛芥子粒一樣微不足道，但是，它卻能消除如須彌山那樣巨大的罪。」

「國王不會下地獄嗎？」

「忉利天的神裝扮得很體面的落到地面上，彷佛回到自己家裡一樣，國王穿著體面下地獄，但是，他在那裡不覺得苦惱，也等於回到自己家裡一樣，國王穿著體面下地獄，但是，他在那裡不覺得苦惱，也等於回到自家。」

佛問舍利弗：「你可知曉國王的前世嗎？」

「我不知道。」

「他在前世供養過七十三億位佛了，接著，在安隱覺佛那一世、文殊來教導他，才使他起了無上正等正覺的心。即使多如恆河細沙的佛向國王說法，也照樣無法解除他的不安。因為文殊最先引導他，國王輪迴轉世之際，從文殊口中聽聞甚深的法才能得到安定。」

佛預言阿闍世王的前途，說：「國王以後會下地獄。之後投生到惟位佛國土，再度碰到文殊，並聆聽他在說法，而後可得無生法忍（悟解空的佛理）。

之後，當彌勒下凡娑婆世界成佛時，國王也會投生到此，變成阿伽佉鈚王。彌勒佛會向衆菩薩介紹國王的前世說：『這位阿伽佉鈚從前在釋迦牟尼佛時代，名叫阿闍世王。在壞人的慫恿下殺死自己的父親。後來聽到文殊的教理，才從罪過中獲得解放了。』八千位菩薩聽到這些話，也證得無生法忍了。

之後，經過了八阿僧祇劫（阿僧祇是極龐大的數目單位，而劫是龐大的時間單位），阿伽佉鈚王實踐菩薩道，教化衆生、淨化國土。後來，成為惟首陀惟沙耶佛，他的國土叫做阿迦曇，那裡有七十萬位聲聞得到解脫，出現十二億菩薩都修得智慧與方便。他們證入般涅槃以後，佛法存續了億萬年，之後才消滅。」

佛告訴舍利弗：「千萬別輕視人，因為人的行為難以猜斷。」

舍利弗說：「今後我不再妄言：『他是罪人』、『他是善人』了。」

佛在預言阿闍世王成佛作祖的事情，一萬兩千位神也起了無上正等正覺的心，並生起這樣的願望——「當惟首陀惟沙耶成佛時，我們也希望投生到那個國土。」

第二十八章　旃檀師利王子

國王有一個兒子年僅八歲，名叫旃檀師利。這位王子卸下身上的寶石，投在佛的頭上，說道：「我想靠這個行為生起無上正等正覺的心。如果惟首陀惟沙耶成佛作祖，我想當轉輪聖王。這位佛證入般涅槃以後，我想步他的後塵成佛作祖。」

只見他丟出的寶玉竟成了珠網帳幕。其中還有寶石的地氈與寶石的椅子。佛坐在椅子上露出微笑了。佛的口中吐出許多種色彩的光，繞轉十方，再回到佛的位置，在佛的身體旋轉三圈，從佛的頭頂進入體內。

阿難從座位起立，稟告佛：「佛不會無緣無故發笑的，我想必定有某種理由。」

佛說：「旃檀師利曾經供養過我，也發過願了。他的心願會逐一完成。」

第二十九章　文殊的殊勝教法

別國的菩薩們說：「文殊居住的地方跟佛居住的地方一樣。原因是，文殊的所作所為跟佛的所作所為沒有什麼兩樣。誰若學習文殊的教法（『阿闍世王經』），誰就應該被看作佛一樣。」

佛說：「你們說得沒錯，在久遠以前，我伏在地上把頭髮鋪好，讓提和竭佛（過去佛之一）走在頭髮上面時，提和竭佛十分嘉獎，便預言我會得到無生法忍，成為釋迦牟尼佛。此時，衆比丘說話了：『這個地方很神聖，因為預言發生在這裡，不知有誰想在這裡建塔？』有一位颰陀調長者即刻表示，他要建造一座七寶塔。佛告訴他說：『讓菩薩得到無生法忍的預言的地方，彷佛車輪一般圓。在那邊建塔的功德，比布施給佛的功德還要大。因為你有造塔的功德，來世也會得到釋迦牟尼佛的預言，說他在阿僧祇劫以後會成佛作祖。』」

釋迦牟尼佛詢問在場的大衆：「你們知道當時的長者是誰嗎？」

大衆答說：「不知道。」

佛說：「當時的長者就是現在的作羅一耶闍。」說到這裡，又聽釋迦牟尼佛預言作羅一耶闍：「你將來會成就須陀扇佛哩！」

釋迦牟尼佛說：「如果比丘、比丘尼、優婆塞、優婆夷肯抄寫、誦讀和解說這部經（阿闍世王經）的話，那麼，那個地點會圓如車輪（不亞於上述地方，照樣很神聖），那裡的泥土堆積也不尋常、下達地底，上通忉利天。聰明人即使撿起一粒泥土，只要肯恭恭敬敬來供養就行了。」

佛說：「歷經千劫、百千劫那樣漫長的歲月，用七寶鋪滿三千大千世界的佛國土來布施，這樣的功德還不如誦讀和解說這部經典來得大。與其百劫那樣長期間嚴守戒律，與其百劫那樣長期間修行忍辱，這兩種功德都不如信仰和歡喜這個教法來得大。」

第三十章　參與者的誓願

別國來的一群菩薩稟告佛：「我們都要信受這部教法，不論前往那個佛國土，都會用這段教法來教誨衆生。」

「這樣就對啦。這部教法其實含著所有佛事（佛的教法）。」衆菩薩都從座位起立向佛問訊，在光明照耀下紛紛返回祖國去。

佛告訴彌勒說：「你不妨向一切衆生講述這部教法。」

彌勒說：「雖然，我早在上輩子就已經聽過這部教法了，現在再聽一遍，讓我更堅決在憐憫天下蒼生之餘，還要行布施。佛呵，當你入了般涅槃，我會堅決信受這部教法。即使在佛法毀滅的末世時期，我也會護持這部經典的存在地點。」

佛告訴帝釋天：「若是阿修羅來攻你，你要誦唸這部經，那時候，你會獲勝，而敵人會退走。凡是信受這部經的人，你都要護持他們。若遇邪惡的衙門官員或盜賊，你也不妨唸誦這部經。」

佛告訴阿難：「你要把這部經誦讀給一切衆生聽，誰若聽聞這部經，誰的惶恐便會消失，也會從罪過與生死中得到自在無礙。縱使為非作歹，倘若聽到這部經，也會遠離惡事，免於惡報。」

摩訶迦葉稟告佛：「我會向大家保證以下幾件事——文殊曾經應阿闍世王的邀請吃飯，在飯局中說法，講述罪業的問題，結果使國王得到解脫了。罪犯只要肯信受這部教法，也能得到解脫，而不會再度淪入惡道裡。」

阿難說：「如來呵，請讓後世的芸芸眾生也能聽聞這部教法好嗎？」佛從身上放出光明了。只聽籬笆和樹木紛紛發出聲音說：「縱使出現劫火，誰要聽聞這部教法，誰照樣能夠如願。縱使在海上，誰要聽聞這部教法，誰照樣能如願。」佛說：「籬笆和樹木說得沒錯。現在厚積功德，證得摩訶衍（大乘）的人，到後世也必能聽聞這部教法。」

當佛說到這裡，九萬六千位神和人們都證入須陀洹道，七萬八千個人起了無上正等正覺的心，兩千位菩薩證入無生法忍，尚有八千個人也證得阿羅漢果。

諸神奏起音樂，把鮮花香料獻給佛，說道：「所謂大轉法輪，正是解說這部經。外道乍聞這部經，便知自己失敗了。這部教法是菩薩的印章，誰若得到這個印章，誰就能走到菩提樹下。」

佛說完了法，阿闍世王和文殊等眾菩薩、舍利弗、目連、阿難等聲聞、諸神、乾闥婆，以及其他人們都很滿足，向佛腳頂禮之後，立刻離去。

『阿闍世王經』說到這裡結束了，如果明白空的思想，就不必多費口舌，不過，我仍要強調幾點。

第三章有一句話說：「別期待有功德。」這是大乘佛教很重要的思想。從空的思想裡必然會生出這種思想。當年中國梁武帝曾經問達摩禪師（印度人，中國的禪宗祖師）：「我給佛教做了許多好事，功德不少吧？」

達摩毅然答說：「無功德。」

這是一則膾炙人口的故事。世人常常想得報酬才採取行動，這也許出自一種生存本能?!但依宗教家看來，這種有所為而為的求報心並不高尚。

所謂宗教家，到底很罕見，那是指心境真正解脫的人。信神是絕對不能解脫的。因為他們想得到神的嘉獎和保護，也就是期待報酬。然而，他做夢也不知道自己懷有這顆心。所以，他們深信不疑一句愛心的話——當別人打你的右頰時，你還要攞出左頰來。這完全表示一種報酬思想，即蒙受不利的話，就希望能得到神的褒獎。因為兩次褒獎遠比一次褒獎好，才要再攞出左頰。倘若真正熱愛對方，照理說，不會攞出左頰，一再讓對方重複犯罪才對吧?!

第五章提到「不守戒律，不踩錯路。」若是小乘教徒的話，則會說「要守戒律，才不會走錯路」。前者屬於宗教語言，後者算是道德的話。倘若世人全都隨心所欲，依靠本能去生活，便會出現一種情況：「人類即是自己的狠」。這一來，世人才會成立道德來防止。這也是人類的智慧。然而，道德也會壓抑個人，剝奪生活的樂趣。最理想的是，應該要讓本能與道德共存。所謂「既不守戒律，亦不會走錯路。」正是這種理想境界的表現。宗教無非是將人類從道德裡拯救出來的東西。

這個情狀類似『論語』「為政篇」的一句話——「七十隨心所欲而不踰矩」。可是，人類若活到七十歲，本能的力量衰弱，要隨心所欲而不踰矩也恐怕不會困難才對。最重要的是，在本能力量旺盛之際才應該如此。

第二十五章有一句話說，「心既不在這裡，亦不在那裡。彷彿虛幻一樣難以把握。」反之，人類也許會思考，倘若無心的話，難道還會有罪過與拯救嗎?但是，若要把握心，恐怕誰也做不到?最要緊的是，不論有心或無心，恐怕得有一種教法——使人深信「自己得救啦」才好。

二、在家佛教徒的覺悟——『維摩經』

『維摩經』原名叫『維摩詰所說經』，早在西元四〇六年，由鳩摩羅什所翻譯。他是一位學僧，出身龜茲國（中國古代王國，在新疆省境內）。基本假設是——維摩居士生病，文殊去探病，藉此展開空的思想。這部經典可說是一本傑作，因為它一方面有文學上的巧妙結構，另一方面又有哲學上的深奧內容。

作者讓維摩居士說出下面的話：「因為我國的衆生生性粗野，所以，佛也用粗野的話來說法。因為這是地獄、是畜生、是餓鬼、是愚人、是邪行、是貪慾、是瞋怒、是無知、是報應、是正道、是涅槃等」（第十章）。作者的深刻感性讓人敬佩，因為他敢毅然地把佛教諸種重要概念說成「粗話」。

這部經典頗有名氣，尤其有兩句話膾炙人口，那就是「因為衆生有病，我（菩薩）也生病」（第五章），和「維摩一默」（第九章）的插曲。沈默的意義從來沒有這樣重大，所以才有人說：「維摩一默，猶如響雷。」尤其，關於空方面的其他辯論，也係以此次沈默為前提而衍生出來。空的辯論無疑是一種辯證法（對話技巧）。

日本聖德太子也曾註釋過這部經典，據說日本文化的黎明期，日本人竟會品嘗這樣高級的哲學內涵，不禁讓後人感慨萬千。

在『阿闍世王經』裡，文殊菩薩扮演主角，但是，他卻讓賢給本經另一位要角——維摩居士。因為「居士」有家長的意思，所以，維摩可說是一位在家菩薩。這位在家菩薩居然能駁倒出家菩薩，聲聞更不在話下，一定不如這位在家菩薩，所以，這個情狀也意味在家主義的萌芽。雖然，這一支在家主義的佛教在印度不曾開花，也沒有過什麼燦爛發展，殊不知後來卻在日本開花了，尤其，在明治以後的社會更加輝煌。

『維摩詰所說經』

第一章　序

我（阿難）似乎聽過以下的事情。那時候，佛陀住在毘耶離市（北印度的古代都市）的芒果園。八千位比丘、三萬兩千位菩薩、衆多位神，和一大群在家信徒都層層圍繞在佛陀身邊。

其間，有一個長者的兒子叫做寶積，率領五百位同伴來訪佛陀，他們用七寶製造的傘蓋（遮蓋在貴人頭上的傘）呈獻給佛陀了。只見佛陀大顯神通，便把五百把傘蓋迅速變成一把，覆蓋於三千大千世界上面。寶積唱歌讚嘆佛陀說：

「佛的眼睛好像青蓮一般清淨好看，內心經由禪定，變得非常純潔寧靜。由於淨行很長時間，才能以寂靜引導大衆，我特地來向您稽首問訊了（用前額著地問候）。

您說事物既不是有，亦不是無，而係因緣所生。您說無我、無行為，也無受報，甚至連善惡之業也無消滅，我特地向您稽首致敬。

您用一音說明佛法，各類衆生都能了解。

蓮花出汚染而不染，照樣開出美麗的鮮花，同樣地，您不會被世間的汚穢感染分毫，也照樣向大家說法。

我特地向世間的偉大導師——佛陀稽道致敬。」

寶積唱完歌後，便懇求佛陀講點什麽東西。佛陀說：

「寶積呵，衆生是菩薩的淨土。原因是，菩薩透過衆生的教化，才能造出淨土。寶積呵！『直心』是菩薩的淨土。當菩薩成佛時，因為他沒有虛偽的心，衆生才能來這裡生活。『禪定』是菩薩的淨土，因為菩薩成佛時，不會有散亂的心，衆生才能來這裡生活。『智慧』是菩薩的淨土，因為菩薩成佛時，不會有愚痴心，才能讓衆生來這裡生活。

寶積呵！菩薩若打算實現淨土的話，就必須要先清淨自己的心境。只要菩薩的心能清淨，那個國土也會清淨。」

舍利弗聽了，心裡暗忖：

「若說菩薩的心境清淨，那個國土也能清淨的話，那麽，世尊的佛土為什麽骯髒呢？難道世尊當菩薩時期的心境不夠清淨嗎？」

佛陀明白舍利弗的心意，便說道：

「舍利弗呵，衆生因為有罪過，才看不到佛土的清淨。」

螺髻梵王（結髻的梵天王）告訴舍利弗說：

「我能看見釋迦牟尼佛的佛土一片清淨哩。」

舍利弗說：

「那個世界不是到處髒物、石頭、棘荆和障礙嗎？」

螺髻梵王說：

「你放眼望去都是這種東西，起因於你的分別心。」

這時候，只見佛陀用腳趾按壓一下地面。突然發現佛土竟然以寶玉裝飾，人人坐在寶玉蓮花上面。舍利弗終於說：「果然如此，佛土實在太美了。」

佛陀說：

「其實，我的佛土經常這樣清淨，有時為了教誨淺智之輩，才讓他們看來好像很骯髒。」

在場的眾生目睹佛陀展示奇蹟，也都起了菩提心。當佛把世界恢復原狀時，大家始知有為的存在難免無常，並且決心要克服煩惱了。

第二章　維摩生病是方便教法

有一位維摩長者住在毘耶離市。他精通佛理，擅長智慧與方便，為了便利救度眾生，竟然以在家佛教徒的身份過一般性的生活。他雖然擁有妻室，但能過清淨的生活，他一面享受飲食，一面喜歡品嚐禪味。他一面學習佛教以外的各類知識，也一面信受佛法，雖然不時出入賭博、酒家等風月場所，但也不忘教化眾生。

他為了方便救度衆生，不惜生一場病，害得國王、大臣和一群市民紛紛來探他的病，他藉這次生病來說明人的存在不過是一種空的結果。所以，他力勸大家別執著不實的肉體，理應得到堅固的佛身才對，若能得到佛身，便能治好衆生的病，這才是他的教法旨趣。

第三章　一群聲聞拒絕探病

維摩心裡尋思：

「世尊是大慈大悲的人，不會不憐憫我患病才對。」

佛陀洞悉他的心意，便吩咐舍利弗（從舍利弗到阿難七人都列身佛陀的十大弟子）說：

「你去看看維摩的病好嗎？」

「世尊，我不能去。原因是，有一次當我在樹下打坐時，他曾走前來說：『舍利弗呵！坐禪不一定要坐著，不捨棄佛道，儘管做那些俗事，即是打坐。不斷煩惱而入涅槃，即是打坐。』我聽了答不出話來。所以，我不敢再去探他的病，請您見諒。」

佛陀吩咐目連說：

「那麼，你去探他的病如何？」

「世尊，我也很難從命。原因是，有一次，我正跟一群在家信徒說法時，他走前來說：『目連，說法不是這個樣子，法那有語言呢？那有形式呢？法沒有分別，沒有敍說者、沒有聆聽者，待你明白這些問題之後才會說法。』我聽了答不出話來，因此，我不敢再去探他的病，請您見諒。」

佛陀吩咐須菩提說：

「那麼，你去看維摩詰如何？」

「世尊，恕我不能從命。原因是，有一次當我到他家去乞化時，他對我說：『須菩提，如果能對食物不起分別心，那麼，對諸法也不能起分別心喔！如果不見佛、不聽法，而聽從外道的話，那麼，你就去吃飯吧。」當時，我無言以對，一片茫然，只想放下飯鉢離去。這時候，他又告訴我：『須菩薩，你拿著飯鉢走吧，怕什麼，當佛造一個化身人罵你時，你會怕嗎？」『不會』，『一切教法都像幻影，有什麼好怕呢？語言等都無實體，若明白這一點，那是解脫。』兩百位神聽了他的話，都得到智慧的眼睛了。因此，我不敢再去探他的病，請您見諒。」

佛陀吩咐摩訶迦旃延：

「那麼，你去探望維摩詰好嗎？」

「世尊，恕我不能從命。原因是，有一次當我正向比丘講述『無常、苦、空、無我和寂滅的意義』時，他走前來說：『摩訶迦旃延呵！不能用生滅之相來說明實相，諸法是不生不滅，這叫做無常。我跟無我沒有兩樣，這叫做無我，法不會毀滅，這是寂滅的意思。」比丘們聽了他話，就得到解脫了。因此，我不敢去探病，請您見諒。」

佛陀吩咐優波離：

「那麼，你去看維摩一趟如何？」

「世尊，恕我不能從命，原因是，有一次，當我向兩名犯罪的比丘講解規定的戒律時，他走過來說：『優波離，你別讓他們重複犯罪，也別擾亂他們的心。罪過既不在人的體內和體外，亦不在中間。有無罪過在於心意，然而，心沒有實體。只要明白這一點，便算遵守戒律了。』當時，兩名比丘便脫離迷境，起了菩提心。因此，我不敢再去看他，請您見諒。」

佛陀吩咐羅睺羅：

「那麼，你去看維摩一趟好嗎？」

「世尊，恕我不能從命。原因是，有一次，一群長者的孩子曾經問我：『佛陀的兒子，羅睺羅呵！雖然你寧願捨棄王位去出家，但是，出家有什麼好處呢？』我便按照習慣給他們說明出家的功德了。這時候，維摩便走前來說話：『羅睺羅呵！你別說出家的功德，沒有功德才叫出家。有為法則有功德，因為出家關係到無為。』接著，他勸誘長者的孩子們去出家。長者的孩子們說：『佛陀說沒有得到父母的許可就不能出家。』維摩說：『好，就是這樣子，你們已經起了菩提心，這就是出家，這樣也有具足戒了。』他們聽了立刻湧起菩提心。因此，我不敢再去探望他，請您見諒。」

佛陀吩咐阿難：

「那麼，你去看維摩一趟好嗎？」

「世尊，恕我不能從命。原因是，有一次，我告訴過他：『因為世尊身體不適，所以，我要行乞些牛乳回來。』不料，他馬上對我說：『阿難，你可別這樣說，佛身強壯彷彿金剛一樣，怎會生病呢？倘若被外道聽了，一定會讓他嘲笑，連自己的病都醫不好，怎麼醫治別人的病呢？阿難，佛身是法身，不會生病的。』我乍聽下很難為情，也很懷疑自己是不是能理解佛教的料子？當時，空中傳來一陣聲音：『阿難，維摩說得正是，佛純粹為了拯救五濁惡世的人才會生病。阿難，你快去行乞吧！端著牛奶去不會難為情。』維摩的智慧非同小可，所以，我不敢去看他，請您見諒。」

五百位弟子（聲聞）就這樣逐一拒絕了。

第四章　菩薩也拒絕探病

接著，佛陀只好向眾菩薩下令了。首先吩咐彌勒：

「那麼，你去看一下維摩好嗎？」

「世尊，恕我不能從命。原因是，有一次，當我向眾神講解『不退轉地行』時，他走前來說：『彌勒，世尊預言你會在下輩子成佛作祖，那是怎麼生呢？因為根本沒有生這回事。

這樣，你怎能成佛呢？一切都是真實，如果你說覺悟，那麼，一切衆生也會開悟。所謂開悟與退行，實際上不存在。彌勒，你可別向諸神特別灌輸開悟這回事。』當他說完後，兩百位神也隨之得悟了。因此，我不敢去看他，請您見諒。」

佛陀吩咐光嚴童子：

「那麼，由你去一趟如何？」

「世尊，恕我不能從命。原因是，有一次，我剛巧碰見他，就問他：『你從哪兒來呀？』他說：『我從道場來。』我不禁問他：『哪個道場呀？』他答道：『直心是道場、智慧是道場、煩惱是道場，因為要明白煩惱是真實的，衆生是道場，因為要明白衆生為無我。一切法是道場。因為要明白一切法都是空。』五百位神聽了也紛紛發起菩提心，因此，我不敢去看他，請您見諒。」

佛陀只好吩咐持世菩薩：

「那麼，你去看維摩一趟如何？」

「世尊，恕我不能從命。原因是，有一次，當我正在禪房時，適逢帝釋天下來，我便對他說：『帝釋天，你來得正好，你有福份，不會沈溺五慾。』帝釋天聽了，便把自己率領的一萬兩千名天女交給我，說：『你把她們當作女僕好啦。』我說：『我不能留女人在身邊。』適逢維摩走前來，他說：『他不是帝釋天，而是魔物化裝來騙你。』之後，維摩告訴魔物說

：『你把女人送給我。』他便向一群女人說道理，教誨她們知道法樂比五慾之樂要好。她們聽了就不想回到魔宮，魔物便向維摩嘆怨：「維摩呵，你把女人交還我吧。布施不是菩薩的德行嗎？』維摩告訴一群女人：『你們要懂得無盡燈的教理。火從一燈移到十萬燈，同樣地，一個人可向無數人弘揚法理。你們回到魔宮去做一燈吧。』一群天女向維摩的腳頂禮問訊，之後返回魔宮去。因此，我不敢去看他，請你見諒。」

總之，衆菩薩各有一套理由拒絕去探病。

第五章　文殊探病

佛只好轉向文殊了。

「現在，由你去一趟如何？」

「世尊，那位上人深明實相的道理，不是等閒之輩。不過，既然你這樣吩咐，我就去一趟。」

大衆喜不自勝，他們覺得有機會聽到文殊與維摩必有一場精彩的問答，於是，大衆跟著文殊去。

維摩聽到文殊要來，便在空無一物的室內擺好一張床鋪。他迎接文殊來訪，說：「你來得好，文殊師利，不來相而來，不見相而見。」

文殊回答：「若來已更不來，若去已更不去，怎會生病呢？」

「因為無知才有愛，因為一切衆生生病，我才會生病。菩薩係因衆生有病才有病，只待衆生病癒才會痊癒。他的病完全由於大悲而引起的。」

文殊說：

「這個房間空無一物。」

「佛土也是空呀！」

「佛土也空是什麼意思？」

「無分別空（沒有分別，把一切看成空）叫做空。」

文殊說：

「探望生病的菩薩時，應該用什麼話才好呢？」

維摩居士回答：

「要說身體無常，但別說厭離身體；要說身體充滿苦痛，但別說要入涅槃；要說身體無我，但可別教導衆生這是無益；要說身體是空，但不說完全寂靜。要說一個人應該懊悔自己犯罪，但別說他受制於過去。生病菩薩可用這些話來加強印象。」

文殊說：

「患病的菩薩應該怎樣調伏自己的心呢？」

維摩居士回答：

「疾病由於妄想引起，它本身並無實際存在。因為執著於我，才會生病——應該這樣去想。我的疾病不是真實，同樣地，衆生的病也非真實——應該這樣去想。基於愛的念頭，才會對衆生興起大悲心，此時應該即刻捨棄那個念頭。菩薩就是克服煩惱之後，才會湧起大悲心。基於愛的念頭而起的悲心，會產生疲勞與倦怠。由於接受自己的束縛，才不能解救別人。菩薩就是不拘泥於心的調伏與否，調伏自己的心是聲聞的做法。不調伏自己的心是傻瓜的做法。但是，菩薩不受制於其中任何一種。」

第六章　不可思議的狀況

舍利弗目睹房間沒有椅子，不禁暗忖：「大家不知坐在哪裡才好？」維摩馬上洞悉舍利弗的心意，就說：「你到底是來求法呢？還是來找椅子坐呢？」

舍利弗說：「我是來求法。」

維摩說：「求法的人要不惜性命，為什麼會耿耿於懷坐席的事情呢？」

維摩繼續說：「凡是求法（追求真理）的人，都不能存執著心。明知苦的真理，也照樣求不到。因為真理不是言語之類的戲論。舍利弗呵，凡能求法的人，不是任何法都能求。」

維摩問文殊：「你遍訪過無數佛土，不知哪裡有好獅子座（由兩架獅子像支撐的椅子）

呢？」

文殊說：「從這裡往東邊經過三十六恆河沙石佛國土的地方，有一個須彌佛國土有好的獅子座，一位須彌燈光佛坐在那裡。佛身長達八萬四千由旬（一由旬約有七公里），那個獅子座的高度也一樣，壯觀極了。」

維摩馬上大顯神通，讓須彌燈光佛感應之後，便送來三萬兩千個獅子座了。像維摩與文殊那群德高望重的菩薩們，便把自身拉長到四萬兩千由旬，坐在獅子座上了。其他菩薩和聲聞無法登上獅子座，便向須彌燈光佛懇求，之後才好不容易坐上獅子座了。

舍利弗說：「想不到在這樣小房間裡，竟能放置好幾張大椅子，實在不可思議。」

維摩說：「佛菩薩都有一種叫做不可思議的解脫。凡能得到這種解脫的佛菩薩，甚至能把須彌山放進一粒小芥子裡。可是，須彌山上的人毫不覺得有這種情況。而且能讓時間伸縮自如，有意長生開悟的人，能把七天延伸到一劫，凡是想要早悟的人，也能把一劫縮短成七天。無奈，大家都不注意這種事情的發生，只以為一劫來啦，七日來啦。」

大迦葉聽了就問舍利弗：「啊，我們這群聲聞簡直像瞎子，這樣殊勝的法門擺在眼前，竟然視若無睹。我們在大乘這塊沃土裡，就像一堆腐爛的種子，聽到這個法門時，聲聞也許會悲泣得震動三千世界，菩薩也許會歡喜信受。凡是信受這個法門的菩薩，碰到任何魔物也許也不會出手。」

維摩告訴迦葉：「你提到魔物的事，其實，住在不可思議解脫的菩薩，才是真正魔物本身。他們靠方便的力量成了魔物，央求修行的菩薩給予財產和手腳，向無理難題挑戰。旨在考驗和鍛鍊他們。正因為那些菩薩住在不可思議的解脫裡有能耐，才敢這樣做。否則，志大才疏的菩薩會煩惱，怎能這樣做呢？要知道驢馬根本不可能踢倒巨象。」

第七章　怎樣看待衆生呢

文殊問維摩說：「菩薩要怎樣看待衆生才好呢？」

維摩回答：「就像魔術師看待化身人一樣，也似我們望那水中月亮一樣，更似我們看待鏡中影像一樣。」

文殊問：「那麽，菩薩要怎樣實踐慈字呢？」

維摩說：「如果懂得怎樣看待衆生的話，就會明白自己應該怎樣對衆生講解真理，而這也是真正的慈的實踐。辨別時機才是智慧的慈的實踐。」

維摩繼續說：「悲是將自己的功德與衆生分享；喜是跟衆生同時品嘗幸福，捨是努力為衆生的幸福著想，而不懷有什麽期盼。」

座中有一位天女說話了。因為她聽完維摩等人的問答，非常滿意，便把天花散落在房間裡。雖然，天花沒有貼在菩薩身上，却能貼緊在聲聞們的身上。只見聲聞們紛紛想把天花抖落下來，無奈天花始終抖不下來。

天女問舍利弗：「為什麼要把天花抖下來呢？」

「因為出家人不適合裝戴那些東西。」

「你可不能這麼說，不是天花不適合，只是你覺得不適合而已。在佛法裡，不用分別心，天華所以不貼在菩薩的身上，在於他們沒有分別心。誰若怕它，妖魔便會停在誰身上；只要不會特別看待它，就不會停在他身上，情形跟這個一樣。」

舍利弗問天女：「你幾時開始留在這裡的呢？」

「你這個問題等於問我解脫了嗎?所以，我要問你幾時解脫的呢？」

「解脫不能用言語說明。」

「言語只是解脫的形態，但若離開語言，就無法說明解脫了。」

「難道離開淫慾、忿怒，就不叫解脫嗎？」

「凡有傲慢心的人，佛便對他這麼說，對於沒有傲慢心的人，佛便對他說淫慾、忿怒是解脫。」

「你說得太棒了，你的辯才無礙，到底領悟到什麼呢？」

「我什麼也沒有領悟到，才會辯才無礙，倘若有什麼領悟，就非說傲慢心不可。」

「你對三乘（聲聞乘、緣覺乘、菩薩乘）採取什麼態度呢？」

「若用聲聞的教法教化衆生時，我會變成聲聞。若用大悲的教法（大悲是菩薩的德目）教化衆生，我會變成菩薩。」

「你為什麼不從女身變成男身呢？」

「十二年來我追求這種女人相而了不可得，好像魔術師幻化女人讓人看的樣子，任何東西都沒有特定之相。」

天女運用神通把舍利弗變化成女人，之後對他說：

「你為什麼不從女身變成男身呢？」

「不知不覺成了女人身。」

「倘若你能變化面目，那麼，所有女人也能變化面目了。你不是女人身卻能展現出女人面目，同樣地，其他女人也能這樣。雖然會展現女人面目，事實卻不是女人身。」

天女展現幻術，才把舍利弗恢復男人面目。天女說：

「你剛才的女人面目而今何在呢？」

「女人的面目既不是有，也不是無。」

「一切事物都是如此，既不是有，也不是無。」

維摩告訴舍利弗：

「這位天女供養九十二億諸佛，才能住在不退轉的地步，她能依照本願變成女身來教化眾生。」

第八章 佛道

文殊問維摩說：

「菩薩怎樣通曉佛道呢？」

「實踐非道才能通曉。」

「那麼，怎麼實踐非道呢？」

「雖然犯了五無間業（五逆罪），也不會苦惱；雖然懷有貪慾，卻不被煩惱所囿；雖然發怒，卻不憎恨眾生；雖然表現愚痴，卻能用智慧調伏心情，就像這樣表現出來。雖然實現涅槃，卻不能了斷生死（迷惑的生活）。」

「怎樣成就如來種呢？」

「愛慾是種子，貪慾、瞋怒和無知是種子，一切煩惱都能成就佛種。」

「這是怎麼回事呢？」

「誰若把無為當作修行目標，誰就不能發起菩提心。這種情形跟蓮花不能生長在高原的空地上面一樣。蓮花能夠生長在低地的泥沼裡，種子即使播在空中也不能萌芽，倘若種在糞土上便能萌芽了，誰若生起如須彌山那樣龐大的我見，誰就能生起菩提心。」

一位普現色身菩薩問道：

「菩薩的父母親是誰？他怎樣過日子呢？」

維摩作詩回答：

「菩薩的母親是智慧，父親是方便（「智慧」在梵文裡屬於女性名詞，「方便」為男性名詞），以「法喜」爲妻室，生下女兒叫做「慈悲」，兒子叫做「誠實」。住在所謂「空」的家庭，披著慚愧衣，吃著「甘靈法」，坐在禪椅上，搭上「大乘」車。

他會變作妓女、商人，以便教導民衆。

用方便與智慧救度無數的世人。」

第九章　入不二法門

維摩問衆菩薩說：

「諸位，菩薩入不二法門（教理）到底是怎麼回事呢？大家不妨各抒己見。」

法自在菩薩說：

「生與滅爲二，法本來不生，所以也不滅。只要領悟這一點，便叫入不二法門。」

德守菩薩說：

「我與我所為二。因為有我，才有我所，如果沒有我，也就沒有我所。只要領悟這個，便叫入不二法門。」

喜見菩薩說：

「色與空爲二，只要明白色即是空，便叫入不二法門。」

待菩薩們逐一發表意見之後，維摩便問文殊：

「你的意見如何？」

文殊說：

「一切法是超脫語言的，遠離所有問答，便叫入不二法門。」

接著，文殊反問維摩說：

「啊，現在輪到你啦，所謂入不二法門是怎麼回事呢？」

維摩沒有答話，一直閉口不說。但他的表情充滿信心。文殊看了不禁嘆息說：

「太棒了、太棒了，你不發一言，這才是真正入不二法門。」

這時候，五千位菩薩才一齊體悟了不二法門。

第十章　來自衆香國的訪客

舍利弗心想：「吃飯時間到了，不知衆菩薩要吃什麼？」

維摩明白舍利弗的心意，便對他說：「只想飲食的事情，怎能求法呢？只要稍待片刻，自然會有山珍海味可吃。」

在娑婆國土上方，經過四十二恆河細沙的佛土之處，有一個衆香國，那裡居住一位香積佛。衆香國到處飄蕩著香氣，但是，聲聞和辟支佛聞不到香氣，只有菩薩才聞得到。維摩進入三昧，大顯神通，化成一位菩薩，派他去衆香國，化身菩薩躍上虛空，頃刻到了衆香國，先向香積佛的腳頂禮問訊。這個樣子讓地上的人看得淸淸楚楚。只聽化身菩薩向香積佛報告——「維摩要為世尊來問訊，我們想要敎化娑婆世界一群修習小法的人，請您給我們一些食物好嗎？」

衆香國的衆菩薩目睹化身菩薩後，馬上問香積佛說：「這位上人從那兒來的呢？他說要修習小法，這到底是怎麼回事呢？」

香積佛答說：「在我國下方，經過四十二恆河沙石的佛土之處，有一個充滿五濁的娑婆世界，那裡有一位釋迦牟尼佛在努力救度一群想修小法的人。同時，也有一位優秀的維摩菩薩，他派這位使者來我們這裡。」

話說完後，香積佛把香噴噴的食物放在鉢裡，再交給化身菩薩。衆香國有九百萬名菩薩不禁好奇心起，跟在化身菩薩後面，前往娑婆世界去。香積佛吩咐他們說：「你們千萬不要小看娑婆國的衆生，因為十方國土全部好像虛空，衆生也全都平等……。」

九百萬位菩薩紛紛進入維摩的家裡去。食物的香氣蕩漾在毘耶離市，市民們也聚集到維摩家裡來。有些聲聞擔心：「這麼多人聚集在這裡，食物怎麼夠吃呢？」

只聽化身菩薩說：「別用聲聞的小智來判斷，佛的福德無量無邊，即使四海的水有窮盡，而佛的食物都永遠不會窮盡。」

實際上，當食物分配給所有在場的人之後，飯鉢裡的食物依然裝得滿滿，一點兒也沒有減少的樣子。

衆香國的菩薩問維摩說：

「釋迦牟尼世尊怎樣說法呢？」

維摩答說：

「我國的衆生生性粗野頑劣，致使佛也不得不用粗話來說法。例如，這是地獄、這是畜生、這是餓鬼、這是傻瓜、這是邪術、這是貪慾……瞋怒……無知……報應……正道……涅槃等。在教化我國的一切衆生時，一定要用荒療法。」

衆香國的衆菩薩驚異地說：「在我國，人們只要聞到香氣就會開悟，根本不用語言。」

維摩說：「釋迦牟尼佛雖然具有無邊的力量，無奈，衆生的水平很差勁，也只好一心一意救度他們了。衆菩薩以無量的大悲，長年辛勞地活在娑婆世界。」

維摩又說：「不過，娑婆世界的菩薩，擁有其他所有佛土所沒有的幹勁。他們忙於十事善法——㈠以布施救度窮人，㈡用持戒來防止破戒，㈢用忍耐來抑制憤怒……㈩經常救度衆生。」

維摩接著說：「在這塊土上，菩薩若能成就八法，才能出生淨土。這八項法包括：㈠利益眾生，而不求報酬，㈡替代眾生受苦，把自己的功德施予一切眾生，㈢對待眾生一視同仁，㈣看待菩薩，如同看見佛一樣，㈤初聞佛經也不起疑心，㈥不與聲聞爭吵，㈦不會嫉妒別人接受供養，㈧經常反省自己。」

第十一章　菩薩的利他行

佛陀住在芒果園裡，周邊一切景象突然金色輝煌，閃閃發光了。侍者阿難忍不住向佛打聽眼前突變的因緣。佛陀說：「等一會兒，維摩和文殊會率領大眾到這邊來。」

維摩邀請文殊一塊去訪問佛住的芒果園。維摩大顯神通，讓大眾與獅子座放在右掌上，統統來到芒果園了。一行人向佛腳問訊，在佛身邊右旋七次，才合掌站在一邊。佛也回答問訊，招呼他們坐在獅子座上，才問舍利弗說：「你看到眾菩薩的神通了吧？」

「我看到了，真料不到有這樣不可思議的情況發生。」

阿難向佛打聽：「香噴噴的氣味，不知怎麼回事？」

「那種香氣出自菩薩的毛孔。」

舍利弗問阿難……「連我的毛孔也發出香氣啦，肯定是因為我吃了維摩從眾香國帶回來的食物。」

阿難問維摩：「這股香氣會一直發出來嗎？」

「這股香氣經過七天才會消失，聲聞吃到這種食物，才能步入正道，之後香氣才會消失。誰若發了菩提心，再吃這些食物，便能得到無生法忍，之後香氣才會消失，情況好像藥物消毒之後，自己也跟著消失一樣。」

佛告訴阿難：「佛用各種方法講述教理，有些佛會變菩薩，忙於教化，有些佛會用化身人做佛教事業，有些佛運用菩提樹，有些佛會活用語言，而有些佛會靠沈默來弘揚法義。世間有八萬四千種煩惱，芸芸衆生才會受盡折磨，叫苦不迭，然而，佛卻藉此發揚佛教事業。事實上，佛有無限法門（教理）。阿難呵！衆生縱使像你一樣多聞（經常聽法），也照樣聽不完所有的教法哩！」

阿難說：「我想送還多聞這個稱號和恭維。」

佛說：「不必灰心，你在聲聞群中叫做多聞第一，但仍比不上菩薩，他們的智慧深不可測。」

此時，來自衆香國的衆菩薩說：「我剛到貴國一看，以爲這裡太差勁、太惡劣了。而今我的想法完全改觀了，因為我看見佛為了救度衆生，竟肯運用各種善巧方便，為了想在回國後保留一點兒記憶，請您說些教法讓我們聽一聽好嗎？」

佛說：「你們不妨學些盡無盡解脫法門。所謂盡，即是有為法，所謂無盡，即是無為法。身為菩薩不窮盡有為法，不窮盡有為者，就是不捨棄大慈大悲，不倦不怠地教化衆生。努力行善，不要懈怠。求法要勤快、說法要認真、處在輪迴中亦不畏懼、遇到毀譽褒貶不動心、隨順習俗亦不失威儀、湧起神通的智慧來引導衆生。

身為菩薩者不要住於無為中，不住於無為者，就是修習的思想，但不會安住於空裡，領悟無常，也不中斷功德行為；領悟苦的真理，亦不厭惜生死；領悟無常的教法，卻不放棄教化衆生的工作。」

衆香國的衆菩薩乍聞菩薩應做的工作，都歡喜地踏上歸途了。

第十二章　阿閦佛的淨土

佛陀問維摩說：「你怎樣看待佛呢？」

「彷佛看待自己的實相那種態度來看待佛。佛既無來，亦無去，也停留於現在。對佛的觀點，既不看他的肉體，亦不看他的心；佛既非淨，亦非穢；既不是有相，亦不是無相，超越一切的表現手段。」

舍利弗問維摩說：「你從哪兒現身到這個國土呢？」

維摩答說：「存在是既不消失、也不現身。魔術師造出來的虛幻人既不會消失，亦不會現出真身，兩者狀況相同。」

佛教導舍利弗說：「維摩來自阿閦佛（東方淨土的主人）的妙喜國，他特地現身到這裡。」

舍利弗說：「他寧願離開清淨國土，而到煩惱的國土生活，到底所為何事呢？」

維摩問舍利弗說：「太陽初昇時，它會跟黑暗會合嗎？」

「不會，因為有太陽照射的地方，便沒有黑暗了。」

「菩薩好像太陽一樣。他生活在不淨的土地上，無非想要除去眾生的愚癡，而不是要和眾生的愚癡打成一片。」

此時，大眾湧起一種願望——想要參觀妙喜國，於是，釋迦牟尼佛便力勸維摩不要讓大眾失望，讓他們如願去一趟吧！這一來，維摩果然進入三昧，大顯神通，伸出那隻載運山川和菩薩的右手，取下妙喜國的一部份過來。眾菩薩吃驚地以為發生了什麼事？立刻向阿閦佛求助了。阿閦佛告訴他們，這是維摩在顯示神通，才讓他們安了心。娑婆國的大眾目睹妙喜國上下清淨，無不驚訝讚嘆。

釋迦牟尼佛告訴大眾：「你們也發願到這樣的國土來吧。」大眾正在感動讚嘆之際，一切情狀又恢復原樣了。

第十三章　供養佛法

帝釋天說：「到目前為止，我也聽過許多教法，但是，今天倒是第一次聽到這樣精彩的教法，今後不論這部經典放在何處，不論是誰信受這部經，我都想護持他。」

佛說：「好極了、好極了，帝釋天，這部經敍述過去、現在和未來諸佛不可思議的覺悟內涵。因此，誰肯供養這部經典，就等於供養古今諸佛一樣。帝釋天啊！供養三千大千世界諸佛，或待佛圓寂後，把他的骨灰存放塔裡祭祀，都有很大的功德。不過，聽聞和信受這部經的功德比前者更大。」

佛繼續說：「在久遠以前，藥王如來時代，有過一千位王子，他們在長達五劫期間，一直供養藥王如來，其間，有一位王子叫做月蓋，某日，天上傳來一陣聲音，教示他法供養才是最高級的供養，而他立刻反問對方供養什麽經給藥王如來呢？

對方指點月蓋說，那部經要從諸法實相的意義，一直談到菩薩道，月蓋聽了便出家修行，專心弘揚這部經，帝釋天呵，那個月蓋王子，正是今天的我，希望你們從這件事情裡，明白法供養比供養佛更殊勝。」

第十四章　再三委託

佛告訴彌勒菩薩說：「我要把佛法委託你了，希望你將這個教法在未來竭力去弘揚，利益衆生。」

彌勒菩薩發誓一定會盡力而為，不負佛的厚望（彌勒在釋迦牟尼圓寂後，五十六億七千萬年才成佛，教化芸芸衆生），其他菩薩們也紛紛發誓要努力弘揚這部經。四天王（毘沙門天等四神）發誓，凡是信受這部經的人，都會得到他們的護持。

阿難問佛：「這部經應該取名什麼呢？」

佛陀回答：「不妨取名維摩詰所說經，或叫不可思議解脫法門。」

佛陀說法完畢，在座的大衆都心滿意足，向佛問訊後，才紛紛打道回府。

以上是維摩經的內容，在這部短經裡，有不少令人思考的題目，我要列舉幾點來說明：

第五章有一段話——「當你從愛的念頭裡，對衆生起了一種悲心時，應該立刻捨棄這個念頭，菩薩就是因為克服了煩惱，才會湧起大悲心。依據愛的念頭而來的悲心，會產生疲勞與倦怠，自我束縛，就不能解放別人。」

漢譯經典裡，「愛」也寫成「愛」。但得注意的是，佛教的「愛」跟現代人所說的「愛」

有些不盡相同的地方，愛跟慈悲不同，愛是自私的東西，應該丟棄和煩惱，而慈悲是利他性的東西，應該屬於理想的德目。這種區別很重要，原因是，兩者同樣用愛這個字來稱呼，殊不知許多現代人卻把戀愛錯覺為利他性的東西。

引用文章的「愛」，算是煩惱之愛。倘若現代人認為：「原來這跟自己的想法一樣。」就要趕緊丟掉它，因為這種「愛」也包括世人對待父母、兒女和窮人之愛。依現代人看來，對父母與窮人的愛情，有時也覺得煩惱一大堆。

為什麼說要避免愛情呢？原因是，愛即執著。倘若世人用愛情奉獻給父母、兒女與窮人，一旦得不到對方的回報，便會失望或憤怒，這一來，自然有損於獻身者自己。可是，現實有不少這種善意的宗教家，而引用文章不失為有智慧的話，足以警告上述那些人。

第六章有一段話——「求法的人，不能追求任何法」。乍讀下，真是矛盾，殊不知它有深刻的意思。我想，任何人在年輕的時候，都有過追求真理的痛苦經驗才對，但是，終究找不到真理。其間，會遇到突有所悟的過程。原來，世間並沒有真理這種東西，在這刹那間，長期間的疑問突然消失殆盡，接著，不可思議的狀況發生了，原來自己已經找到真理啦，不禁感慨萬千。

有一次，當我讀到德國哲學家尼采一句話，便生出這種感慨。「為何沒有對待虛妄的意志呢？」（『善惡的彼岸』）我在想眼裡落下頭皮了，落下頭皮時，我才第一次注意到以前，自己已經看到頭皮世界了。

第六章還有一句話值得深思——「佛、菩薩有一種叫做不可思議的解脫。凡是得到這種解脫的佛與菩薩，都能將須彌山放進一粒小芥子裡面。然而，住在須彌山的人，卻不知覺這種事情發生，同時也能使時間伸縮。凡想長生得悟的人，會把七天延長為一劫；凡想早日開悟的人，能把一劫縮短成七天。但是，他本人並沒有注意到這種情況的發生，彼此都以為活了一劫，或七天。

倘若把這個看成奇蹟，也許有人以為佛經不足採信。其實，佛經裡不乏這方面的敍述。所謂，八萬四千菩薩，或到七十二恆河細沙的佛國土前面等，都是毫無道理的記載。然而，這跟所謂奇蹟不一樣，佛經上的「奇蹟」，都是從瞑想的傳統中產生的心理表象。

通常，我們習慣這樣思考，先得有東西，再由內心去認知它。例如，蘋果在我們的心外，才讓我們的心去認知它。但是，誰說蘋果放在我們的心外呢？蘋果豈非只在我們的心裡嗎？其實，不僅蘋果而已，富士山也是一樣。還有那個地球，或原子亦然，沒有親眼目睹過，僅憑想像而已，幻想與現實倒不是人們想像那樣乖離叛道的存在。

天體物理學裡，有一種宇宙膨脹說。倘若所有東西都以同樣比例膨脹的話，那麼，我們自己、房子、螞蟻也都在膨脹，這一來，我們怎能知曉呢？雖然，我們什麼感覺也沒有，但是，眼前也許連自己和宇宙都在膨脹也說不定，這樣一想，所謂時間伸縮等敍述，恐怕聽起來也不覺得荒唐無稽了。

第七章有一句話說：「菩薩應該怎樣看待衆生呢？（應該把衆生看作空），如能明白這一點，自己認為就該對衆生講解這個真理，才是真正實踐慈的行為，辨別時間，就是實踐智慧的慈的表現。

由此可知，空的思想不是虛無主義的意思，而是把衆生看作空，並向衆生講述真理的情形，行動方面不執著大乘佛教的理想。「不要向諸佛灌輸所謂悟這種特別的事。」乍聞這句話，據說諸神也立刻開悟了（第四章）。其實，大乘佛教知道行動會輕易把語言的矛盾解決掉的。

還有把衆生看作空，也向衆生講述真理，佛經叫它為慈的實踐。所謂慈的實踐，有真實與智慧兩方面，後者是辨識時機，那就是考量對方的能力、境遇，而後向他講解真理。「不擇時機」的說法，很可能把對方陷於不幸，「智慧的慈悲」所落實的東西，就是「方便」。

最後，再看第七章有一段問答，也蠻有意義。

舍利弗問：「解脫是不能用語言來解說的。」

天女說：「語言是解脫的表態，一旦離開語言，就不能解釋解脫了。」

天女這句話很重要，一般來說，大乘佛經讀起來好像很輕視語言，其實不然，而這句說明便是個好例子。

Ⅱ

慈悲的經典

一、佛的方便——『法華經』

『法華經』詳稱『妙法蓮華經』，由鳩摩羅什在西元四〇六年漢譯出來。雖然，全部有二十八品（章），但非由單一劇本所組成，除了幾品以外，其他各品都比較獨立，比較重要的有「方便品」與「如來壽量品」。本書精選這兩品，以及其他比較重要的品，在沒有入選的內容裡，包括『如來神力品』，佛吩咐上行菩薩（從大地湧出來的菩薩們）等人要大力宣揚『法華經』，和『觀世音菩薩普門品』，說明觀世音普渡衆生的大意。另外，我要將品的編號改作章號來表示。

先談談『方便品』——

以往，大乘教徒一直輕視小乘教徒，例如『阿闍世王經』的作者，曾經絕望與懊悔地表示：「小乘敎徒自己簡直混蛋，燒毀了解脫的種子。」不過，亦有許多人同情小乘教徒，這可說是意料中的事，原因是，大乘佛教的理想是利他，也是慈悲。

在這以前，大乘教徒雖然一直標榜利他與慈悲，而實際上卻表現矛盾的態度。這是屢見不鮮的現象。『法華經』的作者們企圖改正這種言行不一致的現象，他們用各類言語來強調聲聞、緣覺的修行不是沒有用。因此，他們完全活用「方便」來達到理想。撒謊也叫方便，達到目的的方便，方便詳稱「善巧方便」。

據說佛陀剛剛開悟時，覺得自己領悟的內容太深奧、太微妙，就不太熱衷去向衆生解釋，之後有梵天勸請，才使佛陀答應去向衆生弘法，這段插曲連小乘敎徒也是耳熟能詳。這件插曲含有幾個關鍵，足以說明佛敎的發展史。

第一，可知佛陀一開始便有說法的念頭。這表示佛敎始終跟利他有密切關係。

第二，可知領悟的確不容易。這也暗示佛陀的入室弟子也極可能誤解了佛的敎示，可見大乘敎徒主張自己才是佛敎的正統繼承者，的確有根據的。

第三，成立某種推測——浩瀚深妙的覺悟豈非空的真理？因為空的真理也是浩瀚深妙，即使理解空的思想，也不乏誤解者存在。如果這就是佛陀的覺悟，那麽，他的入室弟子也應該會有許多人誤解才對。

其中，有方便思想的產生空間，『法華經』的敎徒不斷解說聲聞不懂大乘的理由。例如佛陀知道聲聞尚未成熟，只有約略給他們講些大乘，等於預備性的敎法，待他們成熟以後，才有助於他們走上大乘。這一來，『法華經』才好不容易成為名符其實的內涵，原因是，聲聞與緣覺終究會搭上大型的乘載物。

表面上，『法華經』始終關心聲聞與緣覺的開悟，但也不表示忘了普通百姓，其間也談壞人與女人的成佛之道。例如，提婆達多被人看作罪大惡極（最初是佛陀的弟子，後來變成仇敵），殊不知他在前世卻是佛陀的善知識（指導者），『法華經』提及這件事，也認同提婆達多的成佛；還有一段插曲說到沙羯羅龍王的女兒，旨在宣揚女性亦能成佛。（但在鳩摩羅什譯的『法華經』裡，提婆達多那一章可能是後世人補添進去的。）

接著，「如來壽量品」這一章說明永遠的佛陀。小乘教徒以為佛陀死了，其實，他仍然活著，看到死去那位佛，只不過是應身（化身）而已，應身就是永遠的佛為了適應衆生的思考力，而短暫出現的身形。

在『法華經』第十一章「寶塔的出現」裡，提到全身的佛（全身舍利）入塔後的情景。通常，在塔裡被人祭拜那位佛是舍利（骨灰）的一部份，但它也暗示佛陀的死亡，所以，依『法華經』看來，那種事實很不利於永遠佛陀的解說。全身舍利的理念，也許表示一種向來信仰佛塔的反抗。梵文版『金光明經』「壽量品」更進一步指出這種想法。它認為佛塔的建造，出自男人想要舍利，才說：「佛陀永遠活著，哪有什麼舍利？」（那爛陀有一座塔雕刻佛陀的全身像。）

方便思想與永遠佛的思想互相融滙貫通，第一是方便，亦即相對性論調以永遠佛這種絕對性權威為背景，才能得到力量。第二，佛陀永遠活著和佛陀死於八十歲高齡，前者這種宗教信念，跟後者這種歷史事實，藉著方便思想而圓滿地結合起來。『法華經』的精神，可說存在一種生命連帶感裡，亦即佛陀的慈悲包容天下蒼生的生命連帶感。

『妙法蓮華經』

第一章　序

我好像聽到這樣的說話。有一次，佛陀住在王舍城的耆闍崛山，身邊有一萬兩仟千比丘、六千位比丘尼、八萬衆菩薩，以及其他許多位神，龍王和迦樓羅，阿闍世王也在場內。佛向衆菩薩講解『無量義經』，之後進入無量義處三昧了，天上降落鮮花、大地起了六種震動。佛從眉間放出光芒了，這道光芒照耀東方一萬八千個世界及其世界的地獄，那些世界可以目睹佛向衆生說法的情景。

彌勒菩薩不禁向文殊菩薩探聽這種奇瑞呈現的理由。文殊回答：「一定是佛吹起偉大的法螺（以吹法螺貝譬喻說法盛況）。因為當我在過去諸佛座下時，目睹諸佛在這種奇瑞之後，也在講述偉大的法義。其間，有一位日月燈明佛先講『無量義經』，之後再說『妙法蓮華經』，這位佛歷經六十小劫（小劫＝劫）才向妙光菩薩講完，在他般涅槃以後，妙光菩薩又費了八十小劫才講完它。

日月燈明佛原本是一位國王，膝下有八個王子。衆王子聽從父王之命而出家，待父王般涅槃後，他們都成了妙光菩薩的弟子。在他們之中，最幼小的王子即是後來的燃燈佛（過去佛之一，預言過釋迦牟尼會成佛作祖）。

除了妙光菩薩以外，尚有其他八百名弟子，其中一位名叫求名，他喜歡沽名釣譽，記憶力雖然不好，只有善根（功德）特別強勁，很認真累積，那位妙光正是現在的我，求名是現在的你，依照我過去的記憶來判斷的話，佛以後一定會講『妙法蓮華經』」。

第二章　方便

佛從三昧出來，告訴舍利弗說：「佛的智慧非常深奧，遠超過聲聞與緣覺的理解範圍，佛曾經伺候過百千萬億諸佛，實踐他們的道法，勇猛果敢地精進，體悟了未曾有的真理。體悟這種真理非常不容易，只通用於諸佛之間。佛領悟的東西，就是諸法實相，一切存在的本來面目、性質、本體、作用等究極之相。

你們這群聲聞與緣覺呵！我向你們講述苦惱解脫的道理，勸誘你們怎樣得悟涅槃，其所以這樣，不外運用這個方便，來引導你們明白究極真理（苦與涅槃本來不存在），我依照眾生性向講述三種教法，旨在引導眾生從最惡劣的境界中出來，因為眾生都陷在各種困境裡。」

聲聞與緣覺啞然說道：「世尊還要說些什麼呢？我們聽從世尊的教法證得涅槃啦。」

舍利弗代表大家起來問佛：「世尊，我們聽過的教理只不過是方便，您說另外有真正的教法，到底是怎麼回事呢？」

佛答說：「如果我說出來，恐怕聽眾會吃驚，起迷惑？」

「我們都有信仰心，請您說明無妨。」

「增上慢的比丘拒不相信恐怕會因此下地獄。」

「我們在前世受過諸佛的教化，才不會下地獄，請您放心說吧。」

佛說：「既然你們懇求三次，那麼，我就開始說啦。」

五千比丘、比丘尼、優婆塞、優婆夷等離開席座，向佛問訊後離去。他們受制於增上慢，沒有開悟而自以為得悟，一直不想聆聽新教法。佛也沒有挽留他們，讓他們自動自願離去了。

佛說：「留下來都是誠實的人，那麼，我現在開講世間稀有之法，它像優曇花（三千年開花一次）一樣難得一見。在這以前，我所說的法，只用無數的方便、譬喻和言語，不過，我出世的真正目的，並非做這些事，乃是一大事因緣才出世間。所謂一大事因緣，就是以本來面目讓眾生得到佛的知見，因此，佛只有教化菩薩而已。

舍利弗呵，佛只說佛乘（佛的真理）的一乘之法，而沒有第二乘物（緣覺用的真理），和第三乘物（聲聞用的真理）。過去諸佛也是這樣，他們用各種方便來說法，只說佛乘之類的一乘物，眾生聽到這項教法，便到達究極的智慧，現在諸佛和未來諸佛也同樣在說法。

舍利弗呵！諸佛出現在五濁惡世。當時，衆生有很多煩惱，無力了解佛法，因此，諸佛在一乘物裡說法來區別三種乘物。

衆比丘呵！你們可不能說『我已經成就阿羅漢了』，或『我已經證得涅槃了』，就感到心滿意足，你們要追求阿耨多羅三藐三菩提（菩薩理想的最高悟境）。以前，我講述『九部經』（把經典分成九種，小乘的分類法），我所以說明『阿羅漢』、『涅槃』的理想，完全為了那些小智之輩，因為他們執著生死。所以，那是為了引導他們了解佛智的方便。當時，講述佛智的機緣尚未成熟，而今機緣成熟，我才決心要講解大乘。

當我在前世修行時，曾經發誓要教導一切衆生跟我一樣，都能脫離苦惱，但是，當我修成佛時，環視衆生，始知天下衆生都在顚倒妄想，無力理解佛教。我曾經暗忖，不論怎樣向衆生講述佛陀的智慧，也不可能讓他們開悟，所以一定要用方便教法。這一來，我便說：『我要涅槃。』涅槃其實不是消滅。因為各種存在一開始便超越生滅，所以不會有消滅。誰若肯聆聽佛陀的教導，之後不斷修行，那麽，誰就會理解涅槃的真正意義，以至成佛作祖。

過去諸佛也曾說一乘法，引導芸芸衆生步上佛道。有些衆生先布施佛，才進入佛道；有些衆生先供養佛的舍利，有些衆生建造佛塔，有些衆生製作佛像，藉此進入佛道。有些兒童甚至在泥沙堆上遊戲時，建造佛塔，結果也步上佛道了。有人以散亂的心進入塔廟，只念一次南無佛，便進入佛道了。有人乍聞『妙法蓮華經』便入了佛道。存在是無性，諸佛知道衆生成佛的機會，隨緣而生，才說明一乘法。世界的樣相不變，諸佛一面熟知這種情況，一面以方便說教。

環視六道（由地獄、餓鬼、畜生、阿修羅、人和天等形成迷界）的衆生時，發現他們飢寒交迫、盲目追求愛慾、憤怒、嫉妒、狂妄無知。同時，目睹他們依照錯誤見解，企圖脫離苦惱時，反而更加痛苦。我的內心很悲傷，心想不知要怎樣救度他們才好？本來，我打算把自己證得智慧傳授給他們，但又耽心他們無法理解，此時，梵天再三央求我向衆生說法了，我又猶豫起來，『如果原原本本把佛乘傳授給他們，他們恐怕難以理解，照樣飄泊於苦海中，反之，也許會製造許多謗法、下地獄的種子，我放棄說法的念頭，乾脆入涅槃算啦。』

這時候，我的心開始尋思了，過去諸佛曾用方便法，我們也應該用方便才對。此時，十方諸佛馬上鼓勵我說：『好極了、好極了，釋迦牟尼佛呵，你為了要讓世人能夠領悟無上妙法，竟然想用方便教法。』

我總算得到勇氣，很感激他們，便走向波羅奈，當作我最先說法的地點了。於是，我向五位比丘開始用涅槃、阿羅漢、法、僧等語言，講解了生脫死的方法。這一來，才有許多人前來聽我的方便教法。

而今我要捨棄方便，開始原原本本地敍述佛陀的智慧了，邁向佛道只有一乘，我教導門徒有關菩薩的理法，菩薩當然不在話下，連阿羅漢也都要掃除疑慮，目標要成佛才對。」

第三章　譬喻

舍利弗說：「聽到世尊的教示，我內心十分歡喜，在尚未聽到這些話以前，我覺得很傷心，為什麼衆菩薩能得到成佛的預言，而我們這群聲聞得不到預言呢？同時，我也暗忖何以世尊傳授我們層次較低的乘座物呢？但是，這不是世尊的責任，那是因為我們的能力拙劣，才迫使世尊採用方便教法。但我們接受教法時，應該知道前面還有一個目標，卻終止下來，總以為已經開悟了。

目睹衆菩薩這樣幹勁十足，我不禁苦惱，自己果真開悟了嗎？而今乍聞世尊一席話，才把疑慮一掃而光。原來，世尊以前傳授我們的教法，竟是一種方便而已，回想我當初是個異教徒（舍利弗原本為某外道的弟子），幸蒙世尊洞悉我心，才會先向我講解涅槃。由於這段機緣，才使我丟棄邪見，早日領悟真理。當時，我總以為自己大徹大悟了，誰知還早得很哩！

今天乍聞世尊的話，我吃了一驚，起初還懷疑是不是妖魔化身世尊來欺騙我呢？但是，我跟隨世尊走到這裡，總算明白了世尊的話，原來，我們也能成佛作祖，今後，我們會朝成佛的目標精進修行。」

佛陀稱讚舍利弗說：「舍利弗，你總算明白我的意思了，不過，你好像說現在才第一次聽到無上道，這就不對啦。雖然你忘了，殊不知你早在二萬億佛時就開始聽我講述無上之法，由於這個因緣，你才能在今世跟我再度結緣，理解無上道，舍利弗呵，你將在未來世成就華光如來佛。」

當佛陀說完舍利弗會成佛的預言時，在場的比丘、比丘尼、優婆塞、優婆夷等都皆大歡喜，把上等衣服供養給佛了，諸神把花散落在佛身上，同時說道：「佛以前在波羅奈初轉法輪，而今在這兒轉動最高的法輪。」

舍利弗央求佛陀，何妨為其他聽衆著想，再講些深入淺出的無上道給大家聽，佛陀滿口答應，便說出下面一段譬喻：

「某地有一位長者跟一群孩子住在一塊兒，雖然房子頗大，奈何非常破舊，而且牆壁崩倒，棟樑傾斜，柱子也腐朽了。有一天，家裡發生火災，長者驚慌地奪門出去，不料，孩子們依然在房裡玩得不亦樂乎，完全不知眼前的險境，長者不斷在外面大聲呼喊。無奈，孩子們不懂父親到底說什麽？結果誰也不去理會，只顧玩耍……。

長者暗忖：『孩子們根本不懂房裡狀況，和火勢的猛烈可怕，這樣下去，他們統統會被燒死。我總得想個方法讓他們逃生才行。』此時，長者想起孩子們平時的嗜好，心裡馬上有了計較，便想用他們心愛的玩具引誘他們出來。『喂！喂！大家聽著，外面有羊車、鹿車和牛車呀，你們趕快出來拿！』

孩子們一聽，果然爭先恐後跑出房子外了，最幼小的孩子便央求羊車，有些要求鹿車，最大的孩子央求牛車。不料，他們所想要的心愛玩具一種也沒有，只有一種大白牛車，那倒是裝飾寶石。白牛拖拉的漂亮車子，孩子們第一次看到大牛車，裝飾如此漂亮，全都喜不自勝。」

佛陀向舍利弗說：「你會指責這位長者撒謊嗎？」

「不會，因為長者把孩子從快燒死的危險中救了出來，長者很成功地達到救人的目的，即使沒給車子亦無妨，何況還送他們那麼好的車，讓孩子們歡喜，所以，怎能責備他呢？」

佛陀說：「很好，很好，佛所做所為也跟這個一樣，佛是衆生的父親，衆生是佛的兒子，剛才的譬喻指出破舊房子代表三界（慾界、色界、無色界），那是充滿罪惡、苦惱與危險的世間，衆生置身其中仍在追逐短暫的快樂、醉生夢死。火意謂老、病、死，而衆生會被這些燒死，火也意謂三毒（貪婪、瞋怒、無知），衆生也會被它活活燒死哩。

長者深知自己的家庭狀況，同樣地，佛陀也熟悉世間的情形，彷佛長者拯救孩子一樣，佛陀也非救度芸芸衆生不可。不料，孩子們只顧玩樂，不理會長者說什麼話，同樣地，衆生只知熱衷財產、色情和聲望，而不肯聽從佛的勸告，因此，佛的做法跟長者一樣，活用方便而已，佛說：『有聲聞的乘座物，緣覺的乘座物和菩薩的乘座物，大家不妨離開三界來各取自己喜歡的乘座物。』結果，喜歡涅槃者，可以追求聲聞的乘座物；喜歡自行求悟者，可以追求緣覺的乘座物；凡愛自己開悟，又想讓別人開悟者，可以追求菩薩的乘座物，但也都要出三界才好。

彷佛長者把大白牛車送給所有孩子一樣，佛也把佛的乘座物送給所有的弟子，只有這個乘座物才是真正載送弟子到大徹大悟的交通工具。

舍利弗呵，不能指責長者的做法為撒謊，同樣地，也不能指責佛的做法不恰當，佛開始講三乘引導衆生，之後才以佛乘來引導大衆，因為活用方便善巧，佛才把一佛乘分別說成三佛乘。」

佛再用詩偈把以上的內涵反覆說一遍。

「三界不安定，彷佛火宅一般。
其間充滿各種苦惱，真夠恐怖，
生、老、病、死的火勢熾烈，迫人喘息不定。
這個三界是我的家，裡面的衆生是我的孩子。
雖然再三警告那裡很危險，奈何他們不肯信受，因為他們對煩惱的執著太深。
藉這個方便來講解三乘，
旨在使衆生知道三界的苦惱，表示出世間的道理。
他們置身三界中，靠一佛乘使大家一齊成就佛道。
舍利弗呵！我雖然給你說明解脫之道，

若只有生死輪迴的結束，那等於沒有解脫。
接著，你們要得到佛的智慧。
我說這些法在使你們倣效菩薩。
只要肯聽這個法，全都能成就菩薩。
這部法華經應該是智慧的結晶。
我不會對淺智的人說這部經典。
因為淺智的人會誹謗這部經，結果會下地獄。
誹謗法華經的人，會得到恐怖的報應。」

第五章　雨水滋潤草木

佛說：「因為如來是教法之王，所以，他的說法沒有半句虛言，他深知天下衆生的能力，用一種教法，便能引導天下衆生開悟。

譬如三千大世界的山川、深谷和荒野，生長形形色色的植物，小草、大草、中草；矮樹、高樹、中樹；能開紅花的、開白花的、開黃花的植物；有毒無毒，能當藥品，或不能當藥品者；有荆刺或無荆刺……總之，有各種各樣的植物存在。只見天上烏雲密佈，傾盆大雨，灌注各種植物，層層密雲，和傾盆大雨對待各種植物都沒有分別，一視同仁。小植物和大植物，都能依不同種性吸取所需要的雨水，生氣蓬勃，欣欣向榮。雷聲隆隆，配合天上烏雲，雨下個不停，毫不吝嗇，才能讓各種植物活潑成長，開花結果。

如來出現人間，彷佛天上的密雲；如果說法，也像隆隆雷響，如來說一味法，彷佛公平落下的雨水。衆生依自己性向，理解佛法，走向悟境，猶如植物依據自己的種性吸取水分來滋潤自己，和促進生長一樣。」

第十一章　寶塔的出現

有一天，地底下忽然冒出一座七寶塔，高達五百由旬，聳立在空中，塔裡傳出巨聲：「好極了、好極了，釋迦牟尼佛要講真正最高層的『妙法蓮華經』啦！」

大衆被眼前的奇瑞所感動，一位大樂說菩薩代表大衆向佛打聽奇瑞出現的因緣，佛說：「塔裡有一位全身佛叫做多寶如來（通常塔裡被人祭拜者，不過是佛的部份舍利而已），他是東方遙遠國土的佛，早在修行時代便發過誓：『若碰到佛說法華經，不論在何處，我都要讓寶塔出現在那裡，同時，我會坐在裡面叫好不絕。』」

大樂說菩薩說：「我想禮拜多寶如來。」

釋迦牟尼佛說：「他曾經發過這樣的誓言：『我到別國亮相，一定是該國那位佛從十方世界把他的分身叫回來以後才行』。大樂說呵！你快叫回我的分身，因為我要去十方世界說法。」

釋迦牟尼佛從眉間白毫放出光芒了，在光芒裡，東方浮現出五百萬億那由多恆河細河的釋迦牟尼佛的分身姿態，在分身的國家有寶物裝飾，到處有菩薩，不僅東方而已，連十方分身也浮現在同樣光芒裡，他們這些分身告訴衆菩薩說：「我以後要去娑婆世界的釋迦那裡，打算供養多寶如來塔。」

這時，只見娑婆世界突然變成清淨的世界，到處平坦，沒有一點兒凸凹之處，高達五百由旬的寶樹處處聳立，樹下備有五百由旬的獅子座。十方的分身佛各個偕同一位菩薩侍者走來，在十方裡，僅有一方的分身佛就佈滿了備妥的場所，釋迦牟尼佛又去淸淨二百萬億那由多的國土，佈置他們的場所。這樣仍嫌不夠，又去二百萬億那由多的國土佈置場所，無數位分身佛吩咐侍者拿著鮮花，去伺候釋迦牟尼佛。

釋迦牟尼佛目睹自己的分身紛紛聚齊，便躍上虛空，用右手指打開塔門。突然發出一陣彷彿城門大開的聲音了，只見塔裡的多寶如來坐在獅子座上，發出聲音：「好極了、好極了，釋迦牟尼佛要講『法華經』了，我所以降臨這個國土，也是為了要聆聽這種妙法。」

有些佛早在無量千萬億劫以前便已經滅度，而今聽到這些話，也非常感動，便紛紛向兩位佛散落鮮花。

多寶如來讓出一半座位，招呼釋迦牟尼佛說：「釋迦牟尼佛呵！你到這兒來坐吧。」

當這兩位佛在塔裡並肩而坐時，大眾心裡尋思：「他們坐得太高看不清楚，我們也想躍上虛空。」

釋迦牟尼佛深知大眾的內心，便大展神通，把大眾拉上空中來了。

釋迦牟尼佛告訴大家：「我不久要入涅槃，之後，由誰在娑婆世界講解『法華經』呢？多寶如來雖然老早以前滅度了，而今特地前來娑婆世界聽聞『法華經』。他聽到『法華經』會生起無上法喜，為了聽這部經，不論何時何地，他都樂意前往。不過，若要護持這部經卻非常不容易，如果要打比方，那可說比拉起整座須彌山丟到遠處還要困難。因此，若有誰要護持這部經，那麼，諸佛的歡喜非同小可，多寶如來和我都會跑到他面前亮相。」

第十二章 提婆達多與龍女

佛說：「我在前世當國王時期，曾經頒佈一項命令：『誰若能給我講解大乘的妙法，我便為他跑腿做事。』結果，有一位仙人跑來說：『我給你講法華經好啦？』我歡喜之餘，便去出家，伺候他，替他砍柴覓食。

這一來，我總算體會到念念不忘的大乘，而當時的仙人正是目前的提婆達多。提婆達多是我的一位傑出的善知識，他指導我六波羅蜜，和慈、悲、喜、捨等教理。我後來所以能開悟，也是得力於提婆達多的指教。」

佛說完後，便預言提婆達多會成佛作祖：「他在遙遠的將來會成就天王如來佛。」

當時，多寶如來的伺者叫做智積菩薩，便稟告多寶如來：「大家回祖國去吧！」

但是，釋迦牟尼佛告訴智積菩薩：「且慢，我國有一位文殊菩薩剛好從龍宮說法回來，你不妨聽他談一談之後才回去。」

文殊果然搭乘千葉蓮花，從龍宮回到靈鷲山去，智積問文殊：「你在龍宮教化些什麼人呢？」

「幾乎數不清的人，其中有一位是娑羯羅龍王的八歲女兒。雖然，我只說法華經，但我說完後，衆生馬上開悟了。」

智積聽了很感動，無數位來自龍宮的菩薩，和龍王那位八歲女兒也來到靈鷲山上。

舍利弗問龍女：「雖說你得了無上道，不過，我還是不相信。女人是骯髒貨，據說不能成就梵天、帝釋、魔王、轉輪聖王和佛。即使身為男人也要歷經長年修行，才好不容易成佛作祖，而你是一位女兒身，照理說不能成佛才對。」

龍女說：「豈有此理！這事何難之有？」

她一說完便化身成男人，飛向南方的無垢世界，具足三十二相、八十種好（偉人具有三十二種大特徵和八十種小特徵），向十方衆生說法了，這個光景從娑婆世界上看得一淸二楚，以舍利弗為首的大衆，打從心底明白了女人成佛的真實性。

第十五章　出現成群的菩薩

來自別國的衆菩薩問佛：「世尊呵，世尊滅後，由我們來讀誦和護持這部經典好嗎？」

佛說：「這倒不需要，因為我們娑婆世界也有無數的菩薩，在我滅後，會誦讀和護持這部經典。」

佛一說完話，大地突然搖動，湧出無量千萬億的菩薩來，他們紛紛向多寶如來和釋迦牟尼佛問訊，在五十小劫之間讚嘆這兩位佛。釋迦牟尼佛默默無言，但在佛的神通運作下，大衆沈思了半天，為何有這種變化呢？

在這群湧自地下的菩薩們裡，有一位代表向佛問訊：「世尊呵，你的情況怎樣呢？衆生能不能老老實實接受教法呢？不會使世尊疲勞吧？！」

「善男子呵（稱呼富貴家庭的男子）！我很健康，衆生也不難教化，我亦不覺得疲勞。原因是，這些衆生早已在許多前世便一直聽到我的教法了。」

彌勒菩薩聽到佛與衆菩薩的會話，不禁暗忖這群菩薩到底從哪裡來的呢？

「世尊，他們接受誰的教化呢？跟從誰發心呢？」

佛答道：「好極了，你的問題很有意義，他們接受過我的教化。」

彌勒聽了疑心重重，忍不住問佛：「世尊開悟到現在也不到四十幾年，怎麼可能教化出這麼多菩薩呢？世尊講的話彷佛二十五歲的年輕人，指著一個百歲老人說：『他是我的兒子，我養育了他』一樣的情狀。」

第十六章　永遠的佛

佛說：「諸位善男子呵，從現在起要聽我講一段真實話。」

大衆說：「世尊呵！您請說吧，我們會認真聽講。」他們連續說三次同樣的話。

佛說：「既然這樣，你們就仔細聽著，關於如來的神秘力量，你們不妨想想看。釋迦牟尼佛出身釋迦族的王室，又在伽耶市郊外大徹大悟，但是，我早在無量無邊百千萬億那由多劫以前就已經開悟了。那是多久以前的事呢？我不妨說明一下。假定把五百千萬億那由多阿僧祇的三千大千世界磨碎成灰塵，拿著一粒塵土向東方，放在第五百千萬億那由多阿僧祇的世界。反覆如此，把所有塵土放完，將放塵土的世界與沒放塵土的世界磨碎成灰塵，那麽，這些灰塵有多少呢？」

彌勒菩薩說：「連我們到達不退轉地位的人都不知道這個數量，何況不如我們的人。」

佛說：「我從成佛以來，所經過的時間遠比這個劫數更長遠（所謂五百塵點劫）。在這期間，我不時在這娑婆世間說法，我也在其他世界引導衆生。其間，我談到燃燈佛的故事，更提及我怎樣接受他的成佛預言，我有時藉故於自己或別人在說法，用各類方式說明自己的名字，講述出家、成佛和壽命，以至涅槃。從久遠以前開始，就已經成佛的事實，一直這樣坦述。

這種說法全都實話實說，沒有半句虛言，原因是：

佛如實知曉三界的樣相，三界既無生、亦無死。既無消失，亦無出現。既無輪迴，亦無覺悟，既非真實，亦非虛偽，既非同質，亦非異質。

無奈，三界的衆生看錯了三界，被囿於形形色色的思想，沈溺於五花八門的慾望而叫苦連天，佛目睹他們各式各樣的性向，要想盡辦法來適應他們，而後向他們說法講經，未曾有過一次的怠惰，而今所謂『我要滅度』也是透過方便來教化衆生。德薄的人若以為佛始終存在世間，就顯得顢頇，很可能就無心培植善根了；若聽說佛滅度時，始知見佛不易，才會起道心也說不定。我之所以要說『我要滅度』也是基於這個考量。」

佛又唱起詩偈了：

「我成佛作祖所歷經的劫數，

多達無量百千萬億載阿僧祇。

經常教化無數的衆生，

能夠進入佛道也經無數劫。

為了救度衆生，雖然以方便顯示涅槃，

其實沒有滅度，仍繼續在靈鷲山說法。
眾生以為我在淨土很安穩，
其實有大火在燃燒，周邊都是苦惱。
凡肯修習功德，生性柔和的人，
能夠置身其間，看見說法情狀。
我是眾生之父，一直在救度眾生的苦惱。
眾生顛倒妄想，我不會毀滅，卻說我滅了。
『不論怎樣，都要趕緊令眾生進入無上道（悟境）。』
我的思考就是這樣而已。」

第二十章　常不輕菩薩

有一次，佛告訴大勢至菩薩說：「久遠以前，在威音王佛（過去佛之一）的世界，有一位常不輕菩薩。他不讀經典，只會走到別人面前敬禮說：『我尊敬你，決不輕視你，因為你將來會成佛作祖。』不料，對方聽了很不高興地說：『這個傻瓜比丘胡言妄語，我不想聽你的胡扯。』甚至回罵他、毆打他。

儘管這樣，他也不生氣，反覆說：『我不輕視你』，這一來，大家便叫他『常不輕』的漢子。

當他臨近死期時，始得機會聽聞威音王佛講述『法華經』，他很能受持『法華經』，來清淨六根（六種感覺器官），因此延長壽命，在二百萬億那由多期間，一直向衆生說法華經了。其間，凡是侮辱過他的衆生，目睹他那清淨莊嚴的姿態，也都願意聽他的說法，而起了信仰心。『常不輕漢子』此後幾次出生到別的佛國土，也仍在講述『法華經』。

勢至呵！你知道那個『不輕視別人的漢子是誰嗎？他就是現在的我，由於我在過去諸佛座下講述『法華經』的功德，才能這樣快速成佛。

勢至呵！你知道那群侮辱『常不輕漢子』的人是誰嗎？他們正是眼前跋陀婆羅等五百名菩薩、師子月等五百名比丘尼、思佛等五百名優婆塞。因為他們當年侮辱過『常不輕漢子』所以，才在一千劫期間下地獄受盡苦楚，接受報應，幸好他們肯聽講『法華經』，基於這些功德才能在目前登上不退轉的地位。雖說他們侮辱過『常不輕漢子』，但也因此結緣，多虧自己肯聽『法華經』的緣故。

勢至呵！誰若肯把『法華經』利益衆生，誰便能獲得這樣的果報。我要鼓勵大家誦讀、解說和抄寫這部經。」

以上是『法華經』的內容，之後我再簡述一下『常不輕漢子』。

在梵文經典裡，這位『常不輕漢子』叫做Sadāparibhūta。這個字是組成的，分開解作Sadā-paribhūta，即「常被人輕視的漢子」，和Sadā-aparibhūta，「常不受人輕視的漢子」。漢譯也能反映這兩個解釋，在竺法護（公元三世紀，出身印度的學僧）所譯『正法華經』裡，譯作「常被輕慢」但在鳩摩羅什譯『妙法蓮華經』裡，便取名「常不輕」了。

若從經典內容來說，我想前者的解釋較佳，因為那個常被人輕視的漢子聽了『法華經』，才轉而成為被人尊敬的漢子，這個故事很吻合經典的旨趣，本經再三強調誰若說『法華經』，誰便有功德。

但是，我們也不能丟棄後者的解釋，即「常不受人輕視的漢子」。雖說這樣當作人名很不順口，但若當作人的綽號，毋寧說，也未嘗不可。「常不輕漢子」這個插曲本身也蠻有趣，『涅槃經』強調衆生皆有佛性，而常不輕漢子的表現可說是這個思想的先驅，所以也有不尋常的意義。

『法華經』很受人歡迎，但也不時被人指責，例如『法華經』熱衷自誇，一直說要講述真正的佛教，其實沒有講。只會描述藥品的功效，卻看不到最重要的藥品。尚若仔細讀它，會發現很多空的思想，這樣反而能在哲學上支撐方便與永遠佛的思想傾向。

在哲學討論方面不發一言——我想，這才是『法華經』成功的秘訣吧。『阿闍世王經』不乏尚未消化的哲學探討，若與『法華經』作一比較，便不難明白，因為少見哲學的探討，才會讓人感受到『法華經』的精彩動人。

二、惡人成佛——『涅槃經』

『涅槃經』原名是『大般涅槃經』，曇無讖（印度僧人）早在西元四二一～四二三年漢譯這部佛經。以佛的涅槃為題材來探討佛的本質，並宣稱佛是永遠的存在。雖然小乘也有『涅槃經』，但它等於佛陀這個歷史人物的死亡記錄，佛在八十歲圓寂，大乘小乘同樣以『涅槃經』為名，殊不知兩者的解說完全不同，對於涅槃的意識南轅北轍。

這部『涅槃經』跟『法華經』擁有共同的問題意識，問題除了上述「永遠佛」以外，還有「許多人開悟」。然而在這個問題方面，『涅槃經』反而有進一步的解說，由「衆生悉有佛性」這句話裡，可見『涅槃經』可以彌補『法華經』不足之處。

由上述裡，發現『法華經』雖然記載阿闍世也是『法華經』的聽衆之一，但沒有談到他怎樣大徹大悟，而『涅槃經』卻討論到這一點，當然，『阿闍世王經』也提到這個問題，不過在論及「覺悟」方面，『涅槃經』看來似乎帶有「救度」的色彩。

醫生們有時碰到絕症患者，也不放棄希望，照樣耐心去治療，同樣地，佛陀也反覆對罪大惡極的阿闍世說法，竭盡所能要救度他，這是經典作者的愛心表現，在這樣苦口婆心的過程裡，作者的苦心是希望「惡人成佛」。

不過，阿闍世還算不錯，因為他犯了五逆罪，問題是「一闡提」這種壞人。那麼，「一闡提」是什麼人呢？其實，我們也不太明白。原因之一是，經典的解說矛盾，有些地方說：「除了（可能成佛者）五逆罪與正法誹謗者」；有些地方說：「除了五逆罪、正法誹謗者與一闡提」。總之，由前一句看來，一闡提好像包括「正法的誹謗者」；若從後一句看來，「正法的誹謗者」是另有所指。

一闡提也許是不知悔改的壞人，『涅槃經』的若干部份非常強調懺悔的重要性。儘管有人犯了五逆罪，或曾誹謗正法，只要他肯懺悔，成佛之道照樣讓他去開闢。毋寧說，在這樣惡性重大的壞人裡，也有信仰堅決的人。若是不知懺悔的人，佛對他也愛莫能助。像這樣壞人要成佛無異空談。

但是，『涅槃經』在另一方面高舉「一切衆生悉有佛性」的標語。若不承認一闡提的成佛，則等於顚倒招牌。上面提到醫生治病的事，病人象徵一闡提。經典只談到醫生怎樣努力，只是談到一半而已，至於醫生能不能救起病人？始終不清楚。然而，在這種曖昧裡，倒也讓人覺得經典作者很誠實，對他們來說，豈非變成無法解決的問題？

但是，也許有下面的解決方法——「一切衆生，若說有佛性，那可取名為不執著；若說無佛性，則可取名虛妄。」換句話說，若依照空的思想來解釋，那麼，不論一闡提或佛性都不是實體。因此，若說一闡提有佛性、無佛性也都沒有錯。

有關曇無讖與『涅槃經』的故事也蠻有趣的。據說曇無讖起先是小乘教徒，他跟一位大乘教徒——白頭禪師發生爭論，有一次，當他乍讀白頭禪師寫在樺樹樹皮上的『涅槃經』，始知內容深妙，他在驚嘆之餘，才轉向大乘。

他曾經攜帶『涅槃經』前往龜茲國（新疆省境內的古代王國），但是，該國的小乘勢力頗大，無法接受『涅槃經』，迫使他只好前往姑藏（新疆省的古代都市），夜晚住宿時，他深怕『涅槃經』被人偷走，便把它當枕頭睡覺，誰知夜晚好像有人要抽走的樣子，他以為小偷光顧，睜眼一看，發現經典移到頭顱旁邊了。連續三個夜晚都出現這個情況，房間裡聽到一陣聲音：「這是如來解脫的寶藏，怎能當作枕頭用呢？」

因為河西（甘肅省西部）王沮渠蒙遜（四〇一～四三三）久慕他的聲名，便邀請他去。他在當地住了好幾年，學習漢語，在漢人沙門協助下，開始翻譯『涅槃經』。後來，他前往印度，打算找尋這部經的不足部份，可惜未克如願，誰知來到于闐（新疆省的古代王國）居然得到餘下部份，他便帶回姑藏去翻譯，才跟前面部份綜合成三十六（四十？）卷。

此時，魏王太武帝（四二三～四五二）聽到他的咒術才能非同小可，便強求蒙遜把曇無讖轉讓給他。因為蒙遜是一個弱國之王，倘若不答應對方的央求，便會遭受對方攻擊；倘若答應他去，顯然有利於敵國，結果讓蒙遜很苦惱了。在這以前，曇無讖知道自己翻譯的經典尚未完工，便發誓要去找尋餘下部份。結果，蒙遜支助他旅費，催促他起程，當他要起程時，淚水直流，告訴同伴說：「我的前世報應要出現了，誰也阻止不了，我仍要按照誓言起程。」當他走到大約四十里行程時，蒙遜果然派人把他刺殺了，當時的他僅有四十九歲。

曇無讖的漢譯『涅槃經』有十三品，幾乎每一品又有一部小區分，但是，其間有補充的形跡，依我看，核心部份到「名字功德品第三」（第三章，經名的意思），本書擇取它的部份精華，和「梵行品第八」裡有一段「拯救阿闍世」來討論，以下我把品號改變為章號來解說。

『大般涅槃經』

第一章之一　序

二月十五日，佛陀要在沙羅雙樹間快要涅槃時，大聲說道：「憐憫衆生，也一直護持衆生的佛要在今天涅槃了。凡有問題的人，不妨提出來，佛會給你們做最後解答。」

世界各地的比丘、菩薩、市民和諸神紛紛聚集於此。他們央求要輪流向佛陀提供最後的飲食，但是，佛陀不肯接受。

第一章之二　純陀的悲嘆

此時，有一位優婆塞名叫純陀（最後提供飲食給佛陀的在家信徒，佛陀吃完後圓寂）終於來了。他說：「世尊，請您接受我的施食好嗎？在入涅槃前，請您給我們衆生再說法好嗎？眼見我們要失去保護者啦。請您留些生活的支柱給我們好嗎？我們譬如貧困的農夫，農夫雖然能夠成功地制御牛隻、順利耕田，也會除掉雜草，但要等待上天降雨哩。『貧困的農夫』無異『缺乏無上真理的凡夫』、『御制牛隻』等於『控制身體』；『耕田』即是『磨練智慧』；『除去雜草』無異『除掉煩惱』。現在機緣成熟，就請您落下法雨好嗎？」

佛果然答應純陀的央求了（佛為什麼拒絕別人施食，只肯接受純陀的央求呢？這一點經文沒有說明。這是不可能說明，亦不必說明。因為純陀是最後一位施食者，乃是歷史事實，小乘經典亦有記錄，誰也不能變更）。

佛說：「好吧，好吧！我就把無上法雨落在你的身田上，讓法芽萌出來，也讓你致富吧，你會得到長壽、體力；安樂與辯才。純陀啊，佛開悟前接受的施食，和涅槃前接受的施食，都有同樣巨大的功德。」（這段話記錄在小乘經典的『遊行經』）

純陀說：「恕我不能接受您剛才那段話，開悟前接受的人有很多煩惱，涅槃前接受的人已經滅掉煩惱了，最先接受的人不過是平凡的衆生之一，而後來接受的人是無煩惱身、金剛身和法身。為什麼兩項施食會有相同的功德呢？」（純陀的反駁含有大乘經典作者的強烈批判的精神）。

佛說：「純陀啊，佛早從永劫以前開始便是法身了，實際上，佛沒有吃東西，雖然世人說我開悟前，曾經吃了牧羊女的乳糜，其實，我並沒有吃，現在接受你的飲食也是實際上沒有吃，所以，兩次施食才會生出同樣功德。」

純陀聽了歡喜不已，高唱讚嘆之歌：

「出生人道難，逢佛出世也難，彷彿盲龜要鑽進海上漂浮的有孔木板一樣，非常罕見的事。現在，您給我機會供養，希望我能得到開悟的機緣。世尊啊，請您不要丟棄眾生，就像對待您的獨生子羅睺羅一樣的人來關懷眾生，芸芸眾生在生死海上飄流，請您長年留在世上救度眾生脫離苦海好嗎？」

佛說：「遇到佛要生起信心也不容易，你終於起了信仰心，非常好。但是，你別盼望佛會長年留在人間，要明白佛陀開悟的意義，一切都是無常，有生必有死，旺盛之物也必有衰敗的一天，相逢也有分別的日子，人的身體是不乾淨的聚合物，你要克服慾望，時時刻刻追求真實的妙法，我現在要去享受涅槃的樂趣了。」

純陀說：「我的智慧微小得像蚊子的智慧一樣，所以，我不懂涅槃是什麼狀況？不論怎樣，我都希望世尊打消涅槃的念頭。」

文殊插口說：「你這樣說話會困擾世尊，不要再說啦。你一定要好好思考各種現象（諸行）的本質才對。」

純陀反駁：「你說佛是一種現象（行）嗎？佛是諸神和人類裡至高無上的存在。你說佛像泡沫那樣迅速生起和消滅嗎？連諸神也都能享受長壽，為什麼世尊的壽命活不到一百歲呢？你這樣說等於侮辱人嘛！文殊呵，佛是無為的存在，不能當作有為現象來處理，你一定要向經典學些正確的智慧才對。」（這段話本來應該出自文殊的口，結果反由純陀說出來，不知經典的意圖何在？值得深思。）

文殊說：「不錯，正如你說的情形，佛是常住的，不變的存在，無為的存在，關於這一點，佛以後會有一番詳述，我想跟你合作來除掉一般人對佛的有爲觀。現在不論如何要把飲食獻給佛陀，不要延遲時刻，也要有夠量的食物，快些獻上食物吧。」

純陀說：「文殊，你說要有夠量的飯菜，也不要拖延時間是什麼意思？以前，佛苦行六年照樣支撐過來，短時間延遲有何不可？你怎可這麼說呢？佛是法身，不必飲食呀。」

文殊說：「你說得沒錯，不是我不懂，我只是要試探你，才說出這些話。」

此時，佛的臉上放出各種色光了，這些光芒照耀文殊的身體。文殊明白佛愈來愈接近涅槃了，「純陀啊，佛要進涅槃啦！」

純陀大聲哀叫：「苦惱啊，苦惱啊，世界要變空啦。」接著，他叫大家說：「諸位要五體投地，齊聲懇求佛陀打消涅槃的念頭。」

佛說：「純陀啊，你別這樣胡搞一陣，人的身軀會像陽光一樣消失，也似芭蕉一樣脆弱，臨死的人非死不可，就彷佛果實成熟墜地一樣，也似紡織機上的織線一樣會用盡，你應該這樣想才對。」

「啊，我太傷心、太痛苦了，世尊居然無意打消涅槃的念頭，世間要變成空曠了。世尊呵，請您憐憫衆生，留在世間好嗎？」

「純陀呵，我所以要入涅槃，就是因為憐憫衆生的緣故。諸佛不是說過嗎？

有為的存在是無常，

生而不能長留，以寂滅為樂。

而今我要以身軀來向衆生驗證這句真理。」

純陀說：「的確如此，佛要入涅槃，就是因為方便。既然這樣，我就不能悲傷了。我要改正想法，用歡喜來面對事實。」

「好，好，佛懂得怎樣依據衆生的理解力，才用方便，而後入涅槃，純陀，你可別去考慮佛的長壽與短壽問題，一切都如幻象一樣，佛也在幻象裡面，但也為方便之力，才不會被污染，純陀呵，我所以要接受你的供養，就是為了要使你脫離有為的流向。倘若在場的其他衆生要供養我的話，也都會得到不動的果報，享受永遠的安樂。因為我是一塊優美的福田，灌溉福田會得到豐碩的果實，你若想為衆生成就福田的話，就要趕快做些應做的事，不要偸懶，好好努力才對。」

純陀為了救度衆生，就含著淚水說：「我明白了，世尊，當我們成就了福田，那時大概能夠了解世尊所謂福田的意義吧。」

純陀及其一族，和文殊一起離開，去準備飲食了。

純陀等人離去不久，大地起了六種震動。這是佛陀進入般涅槃的前兆，諸神發出悲嘆聲，說出各種話來挽留世尊，佛吩咐衆比丘說：「諸位不要像衆神那樣悲哀浩嘆，應該振作精神，努力精進。」

衆比丘也難免哀傷和嘆息說：「我們尙未大徹大悟，為何要棄我們而去呢？我們所學到的東西，是不是可以這樣說——一切諸法都沒有我、我所（不變的存在及其屬性），倘若這樣修行下去，自然能脫離我慢，進入涅槃吧?!」

「不錯，不錯，你們果然認真修持了無我想。」

衆比丘說：「我們也修持了苦想與無常想，一個人喝醉酒時，以為山川大地都在轉動，其實什麼都沒轉，同樣地，誰若滿懷我想與苦想，就等於在生死界上徬徨一般。」（衆比丘的話，苦對小乘來說很正確，因為他們視存在爲無常，苦、無我和不淨。他們批評觀點相反的人生享樂，無異迷惑之徒，完全不同意這種人生態度。）

此時，佛說：「你們仔細聽著。你們譬如喝醉酒的人，只聽到話，都不懂什麼意思。人在喝醉酒時，自以為天旋地轉，其實什麼都沒動，這就像你們常誤解為無常；把樂誤作苦，把我誤作無我，把淨誤作不淨一樣。常即是法身；樂是涅槃，我是佛，而淨是法。所謂『滿懷我想與苦想的人，即是徬徨於生死輪迴』，是千真萬確的過錯。

把無常的事物看作恆常，而把恆常的事物視為無常，這是一種顛倒。把苦惱的事物當作樂事，而把快樂的事物看作苦惱。把無我當作我，而把我看作無我；把不淨看作淨，而把淨看作不淨，這是一種顛倒。

世間有常、樂、我、淨。出世間（覺悟的世界）有常、樂、我、淨。世界的事只是語言，而無實體。出世間的事既有語言，亦有實體。

無常是聲聞、辟支佛；常是法身。苦是外道，樂是涅槃。無我是生死，我是佛。不淨是有爲法，淨是正法，只要明白這個，就叫做不顛倒。」

衆比丘說：「世尊以前也這樣教示過我們了，諸法是無我，你們要學習這個，若能這樣，就能離開我想和驕慢，之後才能入涅槃，這套教法不知怎麼回事呢？」

佛說：「好極了，好極了，你們問得好，我不妨打一個比方來說，你們仔細聽著。

某國有一個笨醫生，曾經給國王和國民治病，因為他不能診斷病情，所以，碰到任何病症都以乳藥做處方，莫名其妙的國王反而非常信賴他。

有一天，一位名醫來到這個國土了，他目睹國民的健康不佳，統統面有菜色，但又不忍心棄之不顧。名醫與舊醫（庸醫）本來很知己，無奈，舊醫生根本不知彼此的能力有天淵之別，所以，他始終心生傲慢，把新醫生當作徒弟，將他請入宮裡來。國王聽完兩位醫生的話後，馬上發覺舊醫生是無能之輩，而新醫生的醫術卓越。於是，國王就解聘舊醫生，並改聘新醫生為國醫了。

國王對新醫生的信賴與日俱增，新醫生知道機會來了，便稟告國王：『請大王禁止使用舊醫生採用的乳藥好嗎？因為這種藥品的害處很多。倘若禁止使用，自然不會有人橫死。』國王接受這個忠告，便向全國頒佈命令：『今後禁止百姓使用乳藥，違反者會處以斷罪。』

接著，新醫生開始調製新藥了，新藥包括辣味、苦味、酸味、甜味、鹹味等，大家服用後才恢復了健康。

有一次，國王發高燒了，他把新醫生叫來，請他診斷治療，新醫生診斷完畢，便發現最好的藥品是乳藥，於是，他只好向國王實話實說：『請您服用乳藥，這種藥對您目前的病最有效。』

國王吃驚地反問：『你是不是瘋啦？你不是說乳藥有毒嗎？怎麼現在成了良藥呢？果真如此，那麼，舊醫生的見解才對，你不是在愚弄我嗎？』

新醫生說：『大王，請您聽我說，蟲啃樹時，竟然勾劃出像文字一樣的圖形，其實，蟲那裡識字呢？舊醫生的情形也一樣，他雖然採用乳藥，但是，他不懂乳藥的性質。他沒有經過診斷，便妄用乳藥，他所以要用乳藥，情形彷彿蟲在寫字一樣。因為蟲類根本不識字呀！』

國王問：『乳藥的性質怎麼樣呢？』

『它既是毒，也是甘露。』

『在那種情況下屬於甘露呢？』

『牛若不吃骯髒物，亦不住在濕氣重的地方，只喝乾淨水的話，那麼，這隻牛的乳便是甘露了，否則，那些牛擠出的乳便是毒物。』

國王聽了才安心地說：『大醫生呵，我今天始知乳藥的優點和缺點，乳藥一定可以治療我的病，請快通令全國的國民。』

老百姓看見朝廷的通告：『今後應該用乳藥』，不禁怒氣衝衝跑來問國王：『大王被鬼神玩弄了嗎？？以前說不准喝乳藥，怎麼現在勸人喝乳藥？』

國王答說：『你們不必生氣，這是大醫生的勸言。』接著，國王便把新醫生的話一五一十向老百姓說明。老百姓感動之餘，也隨同國王一齊尊敬新醫生。

比丘啊，從這則譬喻裡，可知舊醫生等於外道的師父。新醫生即是佛。乳藥即是『我』。外道的師父和佛也都講『我』，可是，外道的師父不懂真正的意思。他只不過像小蟲啃樹與寫字一樣，嘴巴不說『我』。大家被他迷惑才會墮落。佛想要把大家拯救出來。因此，佛一開始便講述『無我』。幸好，現在衆生的根性成熟了，佛明白情況後，便改說『我』了。外道說『我』會使衆生迷惑，而佛說『我』則不會迷惑衆生。」

第一章之三　永遠佛

衆比丘說：「我們現在才初次聽到這樣卓越的教法。世尊呵，您以前不曾傳授我們這套教法是正確的。譬如一個富翁要出國旅行，先要把存款和財產託人保管的情形一樣。倘若所託非人，對方是老弱殘身，有氣無力的人，那麽，他如果不幸死了，那筆存款和財產也恐怕會隨之失散。相反地，如果所託的對方既年輕、力壯，又有父母妻室的話，那麽，財產和存款不但可以保得住，也能順利留傳下去。世尊，您沒把法寶委託比丘保管，反而委託菩薩的做法很對。」

佛說：「好極了，好極了，你們果然很成功地克服了煩惱，體悟了阿羅漢的心得，才能察覺佛的心意。我想把大乘委託菩薩，將妙法長年留存在世間。這一來，我自己也能歷久長存，保持長壽了。」

迦葉菩薩問：「佛怎樣得到長壽呢？」

「我發誓要保護一切衆生，就像保護自己的獨生子一樣，由於這種心態才得以長壽。我起了大慈、大悲、大喜和大捨的心，為了要救度衆生，也去過餓鬼界和地獄界，藉這個因緣才得到長壽的。」

迦葉說：「您說保護一切衆生就像保護自己的獨生子一樣，我可不同意這個論點，難道對待那些犯了大罪，破壞正法的傢伙也要保護嗎？」

「的確如此，佛看待衆生就像看待自己的獨生子羅睺羅一樣。」

迦葉說：「從前世尊在一次聚會上講解戒律，有些沒有資格的少年潛入聚會來偷聽，結果遭到懲罰了。因為密迹力士（執金剛神，懲罰壞人）奉了您的畏神力，運用金剛杵活活把這個年輕人打得粉碎了。所以，我不以為佛看待衆生會像看待自己的獨生子一樣。」

「迦葉呵，那個少年是虛幻人，密迹力士也是個虛幻人。佛對待正法的誹謗者和一闡提抱持大悲心，如同佛陀對待自己的獨生子一般，就是這個道理。佛要防止他們掉入惡道裡。雖然，世間的國王遇到罪大惡極的犯人，都格殺勿論，但是，佛陀對待犯人只會苛責羯磨（叱責），旨在說明惡行也有惡果的報應。」

迦葉說：「倘若可以對所有衆生一視同仁，那麼，怎有可能把壞人看作好人呢？例如有人持刀偷襲佛陀，又有人持栴檀靠近佛陀，難道世尊可以對他們一視同仁嗎？倘若苛責前者，那麼，對所有衆生一視同仁這句話豈非撒謊？」

佛說：「假定有一位國王希望兩位王子能夠幸福，而給予他們良好教育。如果有一個王子一直為非作歹，而遭受國王的苛責，結果讓那個王子死了，難道說國王不愛那個王子嗎？」

「不然，一定仍愛那個王子，毋寧說，國王對待兩個王子付出同樣愛心。」

「佛熱愛一切衆生的情形，也跟愛羅睺羅這個獨生子一樣。」

迦葉說：「我總算明白了佛對待獨生子羅睺羅，就像對待一切衆生一般，不分彼此，照樣疼愛，不過，剛才佛說保護自己的兒子，就像保護一切衆生的情狀一樣，造成自己長壽的原因。不過，世尊跟凡人一樣短命而死。顯然，世尊的言行不一致，這種情況彷彿一個人開口閉口談孝行，結果回到家去毆打父母一樣，會說不會做。」

佛說：「你說話不要欠考慮，佛是所有長壽者中最長壽的人。」

「既然如此，那麼，就請您再活一劫在人間，好像下大雨一樣講經弘法好嗎？」

「迦葉呵！你別以為佛會消滅，其實，佛是永遠存在的，也是不變的，我現在的面目只不過是變化身，別以為我是靠食物在維持生命，我所以要入涅槃，旨在救度衆生罷了。」

迦葉說：「據說梵天在世間屬於永遠與不變的存在，這跟佛有沒有一樣呢？」

「譬如一位長者飼養牛群，目的要擠出牛奶製作醍醐，倘若有一羣強盜企圖偷牛，想得醍醐，可惜，他不懂製造方法，只會添加水分，結果使醍醐太稀，也得不到乳酪了，佛說是永遠的不變，就像這個比喻的醍醐一樣，外道和世間所謂永遠與不變，就像漲水牛奶一般，他若明白這個差異，他就會跟我採取相同的做法，凡是我所到之處，他也會去才對，對這個人來說，佛會入涅槃，而涅槃即是法性。」

迦葉說：「法性是怎麼回事呢？是不是不要身軀變成沒有了呢？」

「別把消滅看作法性，佛的世界超越聲聞與緣覺的理解範圍，你不要一直考量佛在那裡？佛在做什麼？佛的法身與方便超越人們的考量範圍。迦葉呵！你要學習佛、法、僧，懷有不變的思考，其實，三者並無不同，誰若能在這不可思議的事實裡，懂得思考不變的真理，誰便能得到皈依所在，譬如有樹木的地方便有影子一樣，凡有樹木這種法性之處，便常有樹影的皈依所在。」（印度氣候炎熱，樹蔭下即是休息所在）

「世尊呵，黑暗的地方沒有影子。」

「迦葉呵！其實，黑暗所在亦有影子，只因肉眼看不見而已，而世人又沒有智慧的眼睛，同樣地，絕對不要以為佛不存在。」

第二章　護持正法

佛說：「佛身是金剛身，不生不滅。」

「請問怎樣可得金剛不壞身呢？」

「只要護持正法，便能得到金剛身，若要護持正法，就不必守五戒，縱使不學儀規（儀式的規則）亦無妨。應該用武器保護持戒清淨的比丘，在久遠以前，曾有一位覺德比丘，和一位有德國王。有一次，當覺德比丘說：『不要儲存奴婢、牛羊和非法的東西』時，一群破戒比丘就把他殺掉。有德國王為了護持正法，馬上奔向覺德比丘的地方，跟一群惡德比丘展開戰鬥，不料，國王受傷死了，但也因為這番功德才能出生到阿閦佛國（東方淨土）去，成了阿閦佛的首座弟子，覺德比丘也出生到阿閦佛國，成了阿閦佛的第二弟子。迦葉呵！當時的國王便是現在的我，而覺德比丘即是現在的你，我為了護持正法，才能得到這副金剛身，可見護持正法的功德有多大啊！只會保持五戒的人，不能說是大乘之輩，即使沒有保持五戒，只要肯護持正法，也等於大乘的人，倘若為了護法而拿起武器，我叫這種情況為持戒，即使拿起武器，也非斷送性命。」

第三章　經名的意義

迦葉說：「世尊，這套卓越的教理（經）要取什麼名稱呢？」

「不妨叫做『大般涅槃經』，所謂大，意謂這部經含蓋一切妙法，誰若信受這部經，誰就能得到無量功德。」

第八章之五、六　救度阿闍世

王舍城的阿闍世為了要早日繼承王位，竟然殺害了父王，不料，他在懊悔交集下，患了身心兩種疾病。他的身體受到後悔的煎熬，就浮現腫瘡、發出惡臭，幾乎令人不敢逼近。母后韋提希夫人替他敷抹各種藥物，誰知腫瘡有增無減，這一來，阿闍世便很絕望地告訴母親：「因為我的病起因於精神方面，所以，任誰也醫不好的樣子。」

（Ⅰ）群臣勸告（㈠～㈥都是六師外道的名字）

●㈠、富蘭那

一位名叫月稱的臣子問阿闍世王：「大王呵！你為什麼面孔憔悴，悶悶不樂呢？那是肉體的痛苦，還是精神的痛苦呢？」

國王說：「我現在的苦痛既是肉體性，也是精神性。因為我殺害了無罪的父王，我犯了五逆罪之一，以後肯定是下地獄，恐怕世間沒有名醫能治好我這種身心的巨痛吧？」

臣子說：「大王呵，你別這樣悲嘆好嗎？曾經有一首詩說：

倘苦經常憂鬱，只會增加憂愁。
彷彿有人貪睡，結果會愈睡愈愛睡，
這也跟貪淫、酒色一樣，樂此不疲。

大王提及『下地獄』的事，但是，世間有誰看過地獄呢？所謂地獄存在者，不過是世間狡猾之徒在瞎說。

你說『也許沒有名醫能治好我這種身心的巨痛』，其實不然，世間有一位名醫叫富蘭那，他的知識淵博，體悟自在定的禪定，修持清淨，不時向無量衆生講述至上的涅槃之道，他說過：『無所謂善行或惡行，更無善行或惡行的報應。』大王，你不妨請他來治療吧。」

●(二)、未伽黎拘舍離子

一位名叫藏德的臣子跑來問國王：「大王呵，你為什麼嘴唇乾燥，聲音有氣無力，滿臉恐慌，彷彿大敵當前，弱兵畏懼的樣子，到底是肉體苦惱，還是精神苦惱呢？」

國王答說：「我現在受到肉體與精神的雙重苦惱，因為我缺乏智慧眼睛，輕信提婆達多的教唆，竟殺死無罪的父王，我曾聽說這樣一道詩：

若對父母、佛及佛弟子，
懷有惡心，並造惡業者，
都得受到阿鼻地獄的報應。
我在恐慌的控制下，苦惱萬命，恐怕天下沒有名醫能治好我這種身心的巨痛吧？」

臣子說：「大王呵，你不要這樣哀聲嘆氣，曾有這樣一首詩：

倘苦經常憂鬱，只會增加憂鬱。
彷彿有人貪睡，結果會愈睡愈愛睡，

這也跟貪淫、酒色一樣，樂此不疲。

大王呵，道理有兩種，就是出家與王者兩種道理，依照前者說，出家人殺蚊蟲或螞蟻也有罪；若依後者說，兒子殺父王也無罪。有一種迦羅羅蟲出生要破裂娘親的肚子，但是，牠的孩子也無罪，因為這是自然的道理。

至於說：『世間恐怕沒有名醫能治好我這種身心的巨痛。』，其實不然，眼前有一位名醫叫做末伽黎拘舍離子，他的知識淵博，憐憫衆生，就像對待嬰孩一般，他會很巧妙地除掉三支刺入衆生的毒箭（貪慾、憤怒和無知等三煩惱）。他不時告訴徒衆：『人是由七項要素組成，而這七項要素是地、水、火、風、苦、樂和壽命。七項要素是不會壞的究極存在，即使用刀刺殺人，刀子只不過通過七項要素的間隙而已，那不算殺人。』聽他這麼說，才能使罪人除掉內心的重擔，大王呵，你何妨請他來醫治？」

●㈢、刪闍耶毘羅胝子

一位臣子叫做實德，他前來問國王：

「大王為何丟掉身上的裝飾，彷彿披頭散髮。

玉體為何顫抖，好像花樹在風中搖曳呢！

大王呵！你為什麼臉形會憔悴呢？豈非像農夫播種後不下雨那種驚慌樣子？到底是肉體

苦惱？還是精神苦惱呢？」

國王說：「我現在有肉體與精神兩種巨痛，父王生性優雅富貴，算是很無辜的人，當我誕生時，占卜師一再說：『此子會殺父』，然而，父王也仍然養育和慈愛我，結果，我居然殺害了他，我曾聽人說：『侵犯母親與比丘尼，偷竊僧團財產，殺死有菩提心者，殺害父親，這種人會淪入阿鼻地獄。』世間恐怕沒有名醫能醫好我的身心巨痛吧?!」

臣子說：「大王呵！你可別這樣哀聲嘆氣，有一首詩說：

倘若經常憂鬱，只會增加憂鬱。

彷彿有人貪睡，結果會愈睡愈愛睡，

這也跟貪淫、酒色一樣，樂此不疲。

你說：『殺死無辜的人』，其實，沒有無辜的人。所謂無辜，不過言過其實罷了。譬如河裡只有少量的水，卻有人說『沒有水』，其實有少量的水。有人說『非人』，但是那可不意謂『不是人』。只有少許東西，卻說成沒有東西。『大王，父王尚留有前世的業才會被殺死，所以，你沒有罪。』

你說：『恐怕沒有名醫能治好我的身心巨痛。』其實，眼前有一位名醫叫做删闍耶毘羅胝子，他擁有淵博的知識和神通，能掃清衆生的百般疑念。他不時告訴徒衆說：『國王應如四大（四項要素）一般活動。例如，烈火不分乾淨與否的東西，不歡喜亦不悲傷地把它們統統燒光；大地不論乾淨與否的東西，都將它們放置於地上；水亦不分乾淨與否，會將所有東西都流走；風也不管乾淨與否，不歡喜亦不悲傷地將它吹走。大王不妨自由地為善為惡，應該超然於悲喜之外。樹木在秋天被砍掉巨幹，一到春天又會萌芽，衆生也一樣。在世間的生命結束，到來世也有活的機會，哪裡有什麼罪行可說呢？』大王，請你叫他來診治吧！」

⑷阿耆多翅舍欽婆羅

一位悉知義的臣子前來問國王：「大王呵，你怎麼失去威嚴了呢？好像乾涸的泉，和花謝後的樹木一樣？」

國王說：「我現在的肉體與精神兩方面都備受煎熬，叫苦連天，父王一向希望我能幸福，誰知我不但沒有報恩，反而殺害了父王，我恐怕會歷經無量阿僧劫那樣長久的苦報，不知道有無名醫能醫好我的身心兩種創傷？」

臣子說：「大王呵，你別這樣長吁短嘆，有一首詩說：

倘若經常憂鬱，只會增加憂鬱。

彷彿有人貪睡，結果會愈睡愈愛睡，

這也跟貪淫、酒色一樣，樂此不疲。

大王呵，自古以來，不知有多少孩子曾殺死父王，自任王位？例如羅摩王、跋提王……

等，但是，他們誰也沒有下地獄，現在如毘琉璃王、優陀耶王……等也殺死父親，自任王位，日子照樣過得舒服。其實哪有什麼地獄與神界呢？只有動物與人類的區別罷了。而且能出生到哪裡也完全靠偶然來決定，而不是由行為來決定。」

你說：『恐怕沒有名醫能醫好我的身心巨痛。』其實不然，眼前有一位名醫叫做阿耆多翅舍欽婆羅。他的知識淵博，對黃金土塊一視同仁，他也平等看待兩種人，一種人是右腹扎上鋼刀，另一種人是左腹塗有栴檀香。他不時告訴徒眾：『不論自己殺人，或使別人殺人，不論自己去偷竊，或叫別人偷竊；不論自己姦淫，或叫別人姦淫；不論撒謊、喝酒，在恆河南邊布施，或到恆河北邊殺生……統統一樣，既無罪過，亦無功德。』大王呵，你何妨請他來替你看病？」

●㈤、迦羅鳩馱迦旃延

一位名叫吉德的臣子來見國王，問道：「大王，你為何臉色無光，好像白天的罩座燈，中午的月亮一樣。眼前邊境的蠻族都相安無事，國家亦無怨敵，你為什麼憂心忡忡呢？難得的王位已經到手了，理應好好享樂才對。」

國王說：「我現在深受肉體與精神方面的煎熬，十分苦惱。傻瓜只顧口腹之慾，而忘了尖刀的銳利。鹿子看見綠草，便忘了陷阱，我只見眼前的快樂，而無視未來的報應。有一句俗話說：即使一天被鞭打三百下，也不能對父母生起一念之惡。我現在地獄的烈火旁邊，恐怕沒有名醫能治好我身心兩方面的巨痛了。」

臣子說：「大王呵，你不要哀聲嘆氣。曾有一首詩說：

倘若經常憂鬱，只會增加憂鬱。

彷彿有人貪睡，結果會愈睡愈愛睡，

這也跟貪淫、酒色一樣，樂此不疲。

誰說『有地獄』來欺騙你呢？萬物的生死都依自然規律。所謂地獄者，根本違反自然法則，到底是誰說的呢？所謂地獄，只不過是狡猾之徒創造的名詞。地獄是什麼意思？不妨讓我來說明一下。地獄即是『人天』也，那是殺父者的『人天世界，婆藪仙人（出身婆羅門的仙人）也說：『若殺死羊，便可得人天界的幸福。』

你說：『恐怕沒有名醫能治好我身心兩種巨痛。』其實不然，眼前有一位名醫叫做迦羅鳩馱迦旃延。他的知識豐富，深知過去、現在和未來。他能清淨眾生內外的一切罪惡，彷彿恆河能清洗人們內外的所有罪業一般。他不時告訴徒衆：『即使殺人也一樣，若內心不慚愧，就不會下地獄。這像塵埃不留在虛空一樣，他的心境也能清淨，如果心生慚愧，便會下地獄，這像大地被髒水滲入一般，他的心也會被汚染，天下生物都是神造的，生物彷彿技術家製造的機械人一般，一切行動都受制於技術家。像這種被製造出來的東西怎會有罪呢？』大王呵，你不妨請他來看病吧。」

●㈥、尼乾陀若提子

一位名叫無所畏的臣子來訪問國王：「大王啊，傻瓜一天會百喜百憂，百驚百哭，為何你會像傻瓜一樣愁眉苦臉呢？這種情狀彷彿一個人陷入泥沼找不到出口，也似一個迷路人找不到嚮導一般。」

國王說：「我現在承受肉體與精神兩種苦痛。因為我前一陣子結交壞朋友，致使自己殺死無辜的父王。我這種身心的巨痛恐怕沒有人能醫好。」

臣子說：「大王呵，你不必哀聲嘆氣，有一首詩說：

倘若經常憂鬱，只會增加憂鬱。

彷彿有人貪睡，結果會愈睡愈愛睡，

這也跟貪淫、酒色一樣，樂此不疲。

大王呵，王族的職責在安撫沙門、婆羅門和國民，先王以前尊重沙門，輕視婆羅門，公平精神不足，而今你為了尊重婆羅門，而殺死先王，根本無罪可說。

你說：『沒有名醫能夠醫好我身心的巨痛。』其實不然，眼前有一位名醫叫做尼乾陀若提子。他有豐富的知識、辯才無礙、精通方便，他不時告訴徒眾：『既無布施和善行，也無視現世與來世。既無修行，亦無可修之道。世人只要經過八萬劫，便自然脫離輪迴。不論有罪無罪的人都不例外。彷彿印度河、恆河、歐克薩斯河、西達河等，只要流入大海，就不論大小，沒有區別，同樣地，所有衆生只要解脫，也都沒有區別。』大王呵！你快請他來看病吧。」

阿闍世王聽完六位臣子的話後，答道：「這些師父只要能除我的罪，我便會去看他。」

（Ⅱ）耆婆的勸請

此時，耆婆醫生走上來問訊：「大王呵，你近來睡得好嗎？」國王馬上做詩回答：

「•只要能永遠除去一切煩惱，
放掉自己對迷惑世間的執著，
便能睡得安心。
•只要不造惡業，不恥一切壞事，
相信做惡一定有報應的話，
便能睡得安心。
•只要尊敬父母，不殺害生靈，
不偷竊別人的財物的話，

便能睡得安心。

•只要能抑制感覺器官，
親近艮師，壓制四種魔物的話，
便能睡得安心。

•這些人能夠安然入睡，才能成佛作祖，
雖被萬物束縛，也能身心不動，
領悟空的道理，才能安然入睡。
惟有諸佛和慈悲者，才能努力弘法，
並對一切衆生關懷平等，一視同仁。

•衆生停在迷妄中，看不見真理，
並且不斷造惡業，才不易安然入睡。

•為了塵世快樂，而不惜殺害父親，
對於罪行耿耿於懷，也不易安睡。

耆婆呵，我現在身患重病，任何名醫和妙藥，恐怕都難以治好我的病症，因我殺害了正直的父親。

我已經沒有任何歡喜可言了，好像一位被宣告只有一天可活的人一般。好像一位都城被淪陷的國王一樣，也似一個犯人聽到惡報一樣。有人說誰滿身惡業，身、口、意都惡貫滿盈，必然會下地獄，而今的我正是這種人，既然這樣，我怎能睡得安心呢？」

耆婆說：「好！好！大王雖然犯了重罪，卻肯認真反省。諸佛世尊說：『慚愧可以救人。』慚是對自己覺得羞恥，而愧是對別人覺得羞恥。只有懂得慚愧，才算真正的人，否則，就是畜生，不配做人了。

記得佛陀說過：『智者有兩種。一種是不犯罪，而另一種是犯了罪會懺悔。愚者也有兩種：一種是常犯罪，而另一種是犯了罪還要隱藏的人。』如果做了壞事，只要肯坦率認錯，徹底反省，知道慚愧的話，那麼，他的心照樣能夠清淨。這彷佛將一塊明礬丟進水裡，就能讓水清澄一樣，也似烏雲消失，便能讓月亮輝煌一樣。

大王呵，因為善的力量遠比惡的力量大得多，所以，一個善才能消除許多個惡，記得佛陀曾說：『倘若修成一個善，便能粉碎一百個惡。』大王，一座微小金剛足以摧毀巨大的須彌山。星星之火，可以把一大片森林燒光，同樣地，小善也能粉碎大惡，雖然說小善，其實是大善，原因是，它能粉碎大惡……。」

怎樣才叫做罪人呢？一闡提就是。一闡提者，不相信因果報應，亦不知慚愧為何事？更不肯服從佛教戒律，諸如此類者，連佛陀也救不了他，情狀就像所有名醫都醫不好的屍體一樣。

大王顯然不是一闡提，所以，不必嘆息沒有人能治好自己的病。請你聽我說——迦毘羅城有一位淨飯王的兒子，名叫喬達摩，悉達多（釋迦牟尼佛出家前的姓名）。他獨自開悟，證得阿耨多羅三藐三菩提。他兼備偉人的象徵——三十二特徵，和八十種優點。他擁有淵博的知識，和大慈大悲的胸懷。他憐憫天下蒼生，就彷彿疼愛自己的獨生子——羅睺羅一樣，亦似母牛舐觸子牛一般。他領悟說話的時機，會用妙語接引衆生脫離煩惱，他活用方便，擅以金剛的智慧粉碎衆生的罪行。

眼前，這位大人物正在拘尸那城的娑羅雙樹間，距離這裡有十二由旬，正在向無數菩薩和比丘們講經說法。他講解我與無我，常與無常，有與無，有為與無為，有漏與無漏（有煩惱與無煩惱的狀態）。大王，倘若你肯到佛陀座下聽講無作無受（不造業，不受業果）的妙法，那麽，再重大的罪業也馬上會消滅。

大王呵，請你聽我一言——帝釋天曾經現出五種衰相，這五種衰相是：㈠衣裳有污穢，㈡頭上裝飾的花衰萎，㈢身體發出惡臭，㈣腋下出汗，㈤坐在自己席次，亦無樂趣。一旦呈現五種衰相，便表示死期近矣。

帝釋天慌忙來拜訪佛陀了，他若要醫好這種病，除了靠佛以外，再也找不到別人了。他在森林裡碰到一群沙門和婆羅門，便誤認為是佛陀而走前去。不過，沙門與婆羅門一看到帝釋天，便向他問訊招呼：「諸神之主呵，我要皈依你啦。」帝釋天聽了始知他們不是佛，失望之餘，便打聽佛的住處。

此時，帝釋天的一位侍從叫做帕賈西卡，告訴帝釋天說：『我知道誰能除掉你那五種衰相，只要你肯將幹達爾瓦神（帝釋天屬下一位神）的女兒——司巴特拉送給我的話，我自然會把那個人透露給你。』『帕賈西卡呵，此事何難之有？只要他能除掉我的五種衰相，我甚至也肯將自己的愛妃——夏吉讓給你，你快把那個人告訴我吧。』『卡西卡（帝釋天的綽號），那個人叫做釋迦牟尼佛，他現在在王舍城裡，只有他才能醫好你的病哩！』

帝釋天吩咐帕賈西卡備妥馬車，立刻開車前往王舍城的靈鷲山。帝釋天向佛腳頂禮問訊，坐在旁邊，稟告佛說：『世尊呵，到底什麽東西在束縛諸神呢？』「卡西卡呵，慳貪和嫉妒。』『怎會生起慳貪和嫉妒呢？』『因為顛倒才生出慳貪與嫉妒。』『那麽，顛倒是為什麽產生的呢？』『由於無明產生的。』『世尊，我想您說得沒錯，我就是因為無明才會顛倒。例如把不是佛的人看作佛了，而今剷除了無明，才沒有慳貪和嫉妒。』

佛說：『你說慳貪和嫉妒都剷除了。果真沒有貪慾的話，也應該不想要延年益壽，渴求生命才對。』『世尊，我倒不貪求生命，我所要求的是佛的法身與佛的智慧。』『卡西卡呵，你所渴求的東西來世必能如願以償。』

佛一說完這段話，帝釋天的五衰相也馬上消失了。帝釋天起立在佛的身邊繞轉三次，合掌稟告：『世尊，我現在已經復活了，捨棄舊性命，而得到新生命了。當我聽到您的預言，說我會得到阿耨多羅三藐三菩提時，我便已經進入新生命裡了。』

這一來，帝釋天總算被佛陀救起來了。大王，你也一定能除去罪行。請你聽我一言——有一位婆羅門的兒子名叫不害。他嗜愛殺人，並用繩子將死者的手指串連成裝飾品，結果被人取一個綽號叫做鴦崛魔（意謂一個漢子掛著手指的首飾）。他又想要更多手指，竟想去殺害自己的母親，想弒母，或想殺佛都是罪大惡極，幸好他遇到佛，聽到佛的開示，才能起阿耨多羅三藐三菩提心，以致於得救。由此可見，佛是偉大的名醫，六師外道根本望塵莫及。

大王呵，請你聽我一言——舍婆提國有五百個盜賊，被波斯匿王捉到後挖出眼珠做懲罰。害得他們找不到人牽手，不能走到精舍來訪問佛，佛很憐憫他們，反而親自來訪問他們，用親切優雅的口吻說：『善男子呵，你們要好好護持身體和嘴巴，不要再做壞事啦。』他們乍聞佛陀清澄慈悲的話，馬上恢復視力，合掌向佛稟告：『世尊呵，我明白佛的慈悲不僅普及衆神和善人，也照樣使天下衆生蒙受得到。』佛向他們講述妙法，才讓他們馬上起了阿耨多羅三藐三菩提心，可知佛的確是偉大的名醫，遠非六師外道所能及。

大王呵，請你聽我一言——婆羅奈城有一位長者的兒子叫做阿逸多，他跟母親私通，而後殺死父親，當母親跟別的男人私通時，他又殺死母親了，他的師父是一位阿羅漢，獲悉此事後，他一不做，二不休，也把師父殺害了。他反省懊悔，便去祇園精舍哀求出家，不過，他犯了二項逆罪，對方不讓他出家。他一氣之下，便放火燒毀寺廟，也燒死不少僧衆。結果，他等於犯了四項逆罪，他又去王舍城，向佛懇求他出家。佛陀允諾後，又向他說法。這一來，才使他的罪行逐漸減輕，以至後來也起了阿耨多羅三藐三菩提心，可見佛不愧是偉大的名醫，遠非六師外道所能及。

大王呵，請你聽我的話，曾幾何時，你生性粗暴，又跟提婆達多這個壞蛋狼狽為奸，驅使醉象衝向佛陀，企圖殺害佛陀，誰知醉象看見佛的優雅風度，馬上停止不動了，佛反而伸出手撫摸象的頭顱，同時向醉象說法。不久，才使醉象清醒過來，並起了阿耨多羅三藐三菩提心，可見佛連動物的心也能醫治。

大王呵，請你聽我的話，提婆達多是佛的堂弟，但他曾經分裂僧團，傷害佛的身體流血，也曾殺死一位比丘尼叫蓮華色，結果，佛也給他說法，希望使他的重罪逐漸減輕，可見佛是偉大的名醫，遠非六師外道所能及。

大王啊，請你聽我說——佛的憐憫心遍及天下蒼生，佛不僅向王族說法，也肯向卑賤的優婆離說法，佛不僅向聰明的舍利弗說法，也向愚笨的周梨槃特（雖然愚笨，但肯專心聽從釋尊的教理，以至證得阿羅漢果）說法。佛不僅向嚴謹的大迦葉（摩訶迦葉）說法，也肯讓好色心重的難陀（出家後，仍為情苦，捨不得嬌妻）出家修行。佛不僅接受富裕的須達多的布施，也照樣肯收下窮苦人的施食。不論在家人、女人、外道或妓女，佛都肯為他（她）們說法。

念佛的功德多得無法估計，布施飲食給全人類，長達一個月的功德，也只不過等於念佛一瞬那種功德的十六分之一。巨象拖拉一百輛車，都載滿大秦國（羅馬帝國）的美女，和珍寶去布施，其功德也不及發心走近佛陀一步那樣大。供養多如恆河細沙的衆生，也不如自己去娑羅雙樹下聽佛說法那樣大。」

國王說：「耆婆呵，世尊實在是很溫和的人，因此，才能跟溫和的人結伴爲友。世尊也是清淨的人，才能跟清淨之輩結為友伴。因為世尊沒有情慾，難怪他的朋友也是如此清心寡慾，這情形彷彿栴檀只用栴檀形成森林一樣。

我是罪大惡極的人，全身發出臭味，即使我去拜訪世尊，難道他也肯照顧我嗎？因相形見慚，目睹自己卑賤的作風，實在沒有勇氣去訪問世尊。」

此時，空中傳來一陣破堤般急促的聲音：「偉大的法燈好像要熄滅啦，甚深的法河好像要乾涸啦，一片黑暗要來臨，真理飢餓的時代好像快到啦，佛這個太陽快要隱藏在大涅槃這座山下，而魔王也好像要收起甲冑啦。

大王呵，如果錯過眼前的時機，就再也沒有人能夠消除你的罪行了。這一來，你就非下地獄不可了，阿鼻地獄的四周都有個門，門外有烈火在燃燒，而它的火焰會從四扇門侵入，一面交叉，一面在地獄裡穿過八萬由延（由旬），地獄有鐵床、周圍都是鐵壁，天井由鐵網圍住，從上而來的火焰穿透地下，由下而來的火焰也衝出地面。大王，這像魚在淺鍋裡被煎燒一樣，罪人也被烈火在煎熬著。

請你快去訪問世尊吧，因為除了佛以外，世上再也沒有人救得了你。」

國王聽了非常惶恐，全身顫抖不停，手腳也抖了起來，好像芭蕉葉被巨風吹動一般，國王向空中叫道：「你是誰呀？既不現身，只會說話幹嘛！」

「我是你的父親頻婆娑羅王呀，我忍不住擔心你的下場，才發聲提醒你。你要聽耆婆的話才好，可別被六個大臣的邪見迷惑了。」國王聽了失神片刻，腫瘡愈來愈腫了，熱毒發作，放出惡臭，令人不敢靠近，擦上冷藥，亦毫無效果，根本沒有起色。

佛正在娑羅雙樹間，用天眼發現國王失神的情狀，佛告訴大家：「我要為阿闍世留在人間，把涅槃的時機等到未來永劫。」

迦葉菩薩說：「世尊，您不是應該為一切眾生打消般涅槃嗎？怎麼要刻意為阿闍世一個人呢？」

佛說：「善男子，按理說這裡的人都知道我不入涅槃的理由，但阿闍世認定我要入涅槃，才使他失魂落魄。」

『為阿闍世不入涅槃』這句話，你們是不懂的。所謂『阿闍世』者，意謂一切迷惑的眾生，或犯了五項逆罪的眾生，凡是開悟的人都不是眾生，所以，我不必為他們停留人間。

『阿闍（ajāta）即「不生」的意思，『世』（’satru）指『怨恨』的意思。『阿闍世』

這句話指『不讓衆人生起怨恨（等煩惱）』之意。

『為』（artha？）意味『佛性』。『爲阿闍世』意謂『阿闍世似知佛性』，善男子呵，佛的話很深妙，很不可思議，佛法也是不可思議，『大涅槃經』也不可思議。」

為了阿闍世，佛竟入『月愛三昧』裡去。只見佛的身上放出一道大光芒。這道清淨爽快的光芒照射到國王的身體，說也奇怪，國王身上的腫瘡馬上消失，發燒也退掉了。

國王發覺自身的腫瘡消失殆盡，便告訴耆婆說：「我曾經聽說：世界消滅時，會現出三個月亮，一切衆生的疾苦會消失。可是，世界消滅的時機尚未來到，而那道光芒會照射我的身軀，治癒我的病痛，不知它從哪兒來的？」

耆婆說：「這不是世界消滅時候的光芒，而是『衆神之神』的佛陀放出來的光芒，這道光芒既無尖端，亦無末端。既不會熱，也不會冷，既無青色和紅色，也無白色。為了讓衆生得到解脫，就得使他覺得爽快，感受得到青色與紅色。

「為什麼佛要放出這道光芒呢？」

「那完全為了大王著想。你不是說過：『恐怕沒有名醫能治好我的身心巨痛』嗎？因為佛聽到你絕望的呼叫，才把光芒放出來給你。先用光芒治療你的身痛，之後才治癒你的心病。」

「耆婆呵，世尊也會關心我嗎？」

「當然囉，譬如有些父母親膝下有七個兒女，不料，其中一人生病了，雖然天下父母親對待兒女的愛心絕對平等，不過，在這種情況下，他們會把關懷集中在患病的兒女身上。大王，世尊對待衆生雖然一視同仁，不過，他也會把關懷集中在犯罪者身上。對於健全的人，他可以安心放在一邊，反而把注意力放在放蕩者身上。剛才那道光芒是佛特地為你進入月愛三昧裡放出來的。」

「月愛三昧是什麼東西？」

「月光能讓青蓮花開花，而月愛三昧卻能使人的善心開花，月光能讓走夜路的人歡喜，月愛三昧會使濁世走涅槃道的人歡喜。白天受暑氣煎熬的人可從月光得到涼氣。凡被煩惱熱氣煎熬的人，可從月愛三昧得到安寧。」

國王說：「我曾經聽人說過，佛遠離壞人彷佛海水把屍體推向岸邊一樣。雖然世尊曾經走近醉象，和燃燒的烈火，但是，他恐怕不會接近像我這樣罪大惡極的人吧?!我實在沒有勇氣去拜訪世尊。」

「大王，口渴的人會走近泉水，病患也會自然奔向醫生的住處，而你現在非去拜訪良醫不可，佛尚且肯向一闡提說法，你既不是一闡提，佛怎會避開你呢？」

「據我所知，所謂一闡提，就是不想聽，不想理解，也不想信仰佛法的人。但是，世尊為什麼還要向這種人說法呢?豈非白費口舌？」

「大王呵，假定有一個人患了重病，他在夜晚做惡夢，夢見自己爬上一根柱子建造的宮殿，舌頭舐著牛油，也在身上塗牛油，臥在灰塵中，也吃著灰塵。夢見自己跟猴子玩、潛入水裡、沒入泥土中，從樹上跌下來。自己身邊有象、馬、牛、羊等；身上披著青、黃、紅、黑色衣服，一邊狂笑一邊跳舞。他拔掉牙齒和頭髮，全身赤裸裸，以狗當枕頭，浸在大小便裡，牽著死人的手飲食，抱著一個戴假髮的女人，搭著一輛驢子拉的破車，朝不吉利的方向去。

當他從夢中醒來時，情緒惡劣，體力衰弱。當然，病在惡化，親屬派佣人去請醫生來，那個佣人相貌不揚，身體殘障，蓬頭垢面，衣裳褸襤，搭著一部老爺車去。

不料，那位受訪醫生心裡尋思：『看到這個佣人的樣子，實在不吉利，可想而知病人也不好醫了。』不過，他又轉了一個心念：『即使佣人不吉利，我不妨占卜一下日期，看看能不能醫好？』果然發現四日、六日、十二日、十四日這些日子都不利於醫療和治病。

醫生又再尋思：『雖然日子不吉利，讓我占卜一下星位，看看好不好醫治？』結果發現火星、金星昴星、閻羅王星、濕星、滿星等日子，也不利於出診看病。

醫生又再暗忖：『星位不吉利亦無妨，我何不占卜一下時辰，看看好不好醫治？』結果發現秋季、冬季、日沒時、夜半時、月入時，都不利於看病治療。

醫生心想：『雖然各種徵兆都不吉利，也許會不幸而被言中，但亦有可能全都靠不住，不論如何，我還是要去一趟，倘若病人有福德，便可能醫得好；否則，縱使占卜吉利，也愛莫能助了。』

果然，醫生隨同佣人起程了，在半路上，醫生心想：『倘若病人有長壽的相貌，便可能醫得好，否則，便沒有希望了。』

此時，他看見兩個孩童在扭打，彼此抓住對方的頭髮，用石頭和棒子打來打去，另外，也又看見行人手上的火把熄滅；人們拖著獸皮走路；路上有人掉東西；有人手持空罐子走路。醫生心想：『怎麼所有徵兆都如此不吉祥呢？！看樣子去了也沒希望。』不過，他馬上改變念頭：『如果打退堂鼓，就顯示自己不是好醫生，先別管這些壞徵兆，我還是去一趟算了。』

此時，前面傳來一陣聲音：『如果碰到失物或燃燒狀況，肯定醫療有困難，病人不可能救治。』同時，南邊傳來一陣烏鴉與野狐的叫聲。醫生心想：『我知道病人不可能救活了。』

不久，他走進病患的家裡，馬上開始診斷，病人患了嚴重感冒、發高燒、骨節疼痛、雙眼通紅、淚水猛流、喉頭腫大、舌頭靡爛、肌膚乾燥、不會出汗、大小便欠通、排泄有困難、全身腫痛，又有斑點，說話亦不易……。

醫生問他的家人說：『病人平時的表現怎樣呢？』

『以前，病人信仰三寶（佛、法、僧）和諸神，而今沒有這些信仰了；以前，他喜歡布施，而今不再布施了；以前，他很孝順父母，而今也不再行孝了。』

醫生聽了又靠近病人，聞到他的身上發出異味，那是沈水香、多伽羅香、鬱金香、栴檀香等芳香，和肉類的腐爛氣、葡萄酒氣味（佛教把酒看作禁忌）、魚味、糞便味等惡氣味。醫生用手撥開芳香與惡臭之後，才觸摸病人的身體，發現有些地方軟綿綿，十分柔滑；有些地方像沙子一般粗硬，很不調和。

醫生查看各種徵兆後，心裡明白這個病患非死不可，不過，他沒有明講，反而吩咐家人：『我今天還有急事要離開，明天會再來，病人想要什麽，儘管給他什麽，千萬不要打擾他。』

次日，佣人又來催促醫生去，不料，醫生卻說：『我的急事還沒辦完，藥物也還沒調配妥當。』

大王呵！顯然，這個醫生對於病人的診治不抱任何希望，彷彿世尊對一闡提的救度一樣不存什麽希望，這時候，即使一闡提充耳不聞，世尊也照樣對他說法，一闡提縱使不想吸藥，世尊依然給他法藥。原因是，一闡提有兩種：一種是現在的生命裡有善根，另一種是未來的生命裡有善根，對於後者，世尊照樣向他們說法，徒勞無功時，世尊不說法，目睹有人掉進糞坑裡，立刻挺身而出，一伸手抓住對方的頭髮，想盡辦法要拖他上來，而世尊就像這樣善良的領袖一樣。」

國王說：「世尊若真是這種人，那麽，我要選擇吉日良辰去拜訪他。」

「大王，嚴重的病人還考慮什麽吉日良辰？應該快去找良醫治療才對。要去拜訪佛的話，根本無所謂好日子或壞日子，任何時刻都不妨。」

阿闍世王立刻在妃子和大臣陪伴下起程了。只見一萬兩千輛馬車、五萬條巨象、十八萬名騎兵，和五十八萬名摩揭陀國的國民排成隊伍。馬車裝飾美觀，載滿各種東西要去供養佛。每一條象供三人座騎，撐著幡蓋（撐竿旗與覆傘）、手上捧著花、香和樂器。拘尸那城的民衆沿途歡送，長達十二由旬，注視國王的行列愈來愈近。佛告訴民衆：「良友才是讓人接近阿耨多羅三藐三菩提的最好因緣，若非耆婆的規勸誘導，國王會在下個月七日下地獄。」

一路上，耆婆不時講解有些比丘活生生下地獄，也有些壞人訪佛得救的事跡，國王聽了忍不住又問：「我還是不信佛肯出手救度我這種人，耆婆，你走近一些，或者陪我坐在同一條象背上，倘若看我下地獄時，你要趕緊抓住我，免得我掉下去，因為像你這樣有道行的人，才不會下地獄，才能抓得住我。」

佛告訴民衆說：「國王還是心存疑懼，現在，我要讓他生起堅定的信心。」

一位菩薩問佛：「世尊，您以前說過不給任何人展示決定的信心相，怎麽現在又說要展現呢？」

「善男子呵！我所以能夠展示決定的心相，在於我沒有定相，倘若有定相，我便不能改變國王的心了，因為他的心內沒有決定之相，所以，我才能破壞他的罪，造出決定的心。」

國王一行來到娑羅雙樹間了，國王仰視佛陀，果然發現佛具足三十二種偉人相、和八十項優點，乍見之下，彷彿一座金山，只聽佛發出美妙的響聲：「大王」。國王不知佛說那位「大王」到底是何許人？不禁左顧右盼了一下，自己已經是大罪人，沒有福德可言，依他想，自己那有資格被佛稱為「大王」呢？

又聽到佛的叫聲——「阿闍世大王」，國王親耳聽到自己的名字，真是喜出望外，他心想：「世尊果然關心我了，我才知道佛的大慈大悲，沒有一點兒分別心。」他稟告佛說：「世尊，我現在才真正沒有疑懼了，世尊果然是至高無上的師尊。世尊簡短地叫我一聲，我實在太高興了，即使能跟梵天與帝釋天一塊兒吃飯，也不會有剛才這樣高興。」國王捧著幡蓋和鮮花，走向佛面前，向佛腳問訊，繞佛走三次，才退在一邊坐下。

佛說：「大王，我現在要給你說法了，你要聚精會神聽著，凡夫經常心上掛念二十件事（本書只列舉一部份）。我們的身體是空的，我們一點兒善的修持也沒有，我們在輪迴裡飄動，要怎樣才能看到佛性呢？任何行為都有報應，自己所作所為不能由別人來承受報應，由於無明，才有生命和死亡。大王呵！你若有心注意上述的問題，便不會沈溺於輪迴，只顧享樂，其次，你要觀照心是怎樣生？怎樣停留？怎樣消滅？誰若能觀察心的動向，直到持戒方法，便不會為非作歹，也不會恐懼死亡與地獄的事了。」

國王說：「我從未觀察過這二十件事情，所以，我才耽於惡行，恐怖死亡。世尊呵，縱使我觀察二十件事，我想也難逃下阿鼻地獄的果報，因為我犯了大罪，殺死無辜的父王呀。」

佛說：「任何存在的本質（性）與現象（相）都是無常的，而不是決定性（永遠不變的固定性）的東西，你為何說『一定會下地獄呢？』

大王呵！你說殺死無辜的父王，那麼，父親是什麼呢？人在五陰（五蘊，是組成人類的五種要素──肉體、感受、知覺、意志和判斷）裡，所謂父親這種觀念，不過是妄想罷了，在五陰裡，父親是什麼？如果說肉體是父親，那麼，其他四陰就不算啦；若說四陰是父親，那麼，肉體就不是。至於肉體與其他四陰合成一體者叫做父親，也是不可能的事，原因是肉體與其他四陰（精神的要素）的性質不同。

大王呵！肉體有三種──過去、現在和未來。過去的肉體不能破壞，因為過去已經過去了，現在的肉體不能破壞，因為現在的每一瞬間都在消滅，未來的肉體能夠破壞，因為遮止未來叫做殺人，由此可見，肉體是殺或不殺，所以，殺人是不固定的。

大王呵！罪行有兩種──輕罪與重罪，若只止於嘴巴說『殺』，那是輕罪，若實際上有殺的行為，就有重罪了，大王雖然曾經下達命令，但沒有出手，而這種罪是很輕微，所謂『削足』者，其實不叫做『殺』。所以，大王沒有犯殺人罪。

倘若大王有罪，那麼，諸佛也一定有罪了，原因是，你的父王在前世經常供養過諸佛，他正因這個善報才能出生為國王。倘若諸佛不曾收下他的供養，那麼他也許就當不上國王了，如果他不做國王，你恐怕也不會殺他了。如果你對父王的死有罪的話，那麼，諸佛也非有罪不可，倘若諸佛沒有罪，那麼，你也無罪可說了。

大王呵！你說『父王是無辜』，其實這樣說不對，頻婆娑羅王在前世曾經上山打獵。有一次，他什麼也沒有發現，十分失望，不料，他卻看見一位仙人在打坐，結果，頻婆娑羅王很憤怒地說：『因為有這個傢伙坐在這裡，才使我什麼也沒有獵到。』他走前去把仙人殺死了，仙人臨死時咒罵頻婆娑羅王，頻婆娑羅王很懺悔，便趕緊供養仙人的屍體，之後自己也被人殺死，不過，他卻免於下地獄。

你的父王由於自作自受才會被殺，而不是無辜被殺的，頻婆娑羅王在現世得到善果（出生為國王），也得到惡果（被殺）了，這可說是一種不定，所以，你殺死他是不定。

大王呵！魔術家在十字路口用詭計展現各種男、女、象、馬和衣服給眾人看，只有傻瓜才會把它當真物，聰明人明白那些都不是真貨。殺人情形也一樣，雖然凡夫誤認為真，殊不知諸佛世尊可不把它當真物看待。

山谷回響，游絲和幻想，在傻瓜心目中都是貨真價實，只有聰明人才知道那些都不是，關於人也一樣，雖然凡夫以為真實，諸佛世尊卻不以為然。

大王呵！你在宮中一天到晚命人殺羊，卻一點兒也不怕，為什麼殺父王會如此恐怖呢？

人與家畜雖有尊卑之別，但彼此都熱愛生命、害怕死亡，這一點沒有兩樣，人的犯罪意識是什麼呢？

大王呵！涅槃是非有和非無，好像有一樣，殺人也是非有和非無，即是有也。對慚愧的人來說，殺人是非有，對於不知慚愧的人來說，殺人是非無；誰若懂得空，誰即是非有，誰若不懂得空，誰即是非無。對於承受果報的人而言，則是有了。

大王呵！五陰即是無常，五陰是苦、空和無我。無常與無我之物怎能殺得了呢？若殺掉無常，才能得到涅槃；若殺掉苦，才能得到樂；若殺掉空，才能得到實；若殺掉無我，才能得到真我。大王呵！如果你殺掉無常、苦、空、無我，那麼，你所作所為跟我就一樣了，因為我也殺掉無常、苦、空與無我，但是，我不會下地獄，那麼，你又怎麼會下地獄呢？」

佛這一番話打動了國王的心，國王終於接受佛陀的教誨而觀照五陰，始知五陰為無常之物。

「世尊呵！萬物無常，倘苦我當初知道這樣，便不會製造罪行了，世尊，您對待衆生果然像父親一樣。世尊呵！據說須彌山的四周都用金、銀、瑠璃、玻璃造成的，耳聞鳥兒飛來棲息的話，那隻鳥兒會染上那個地點的顏色，我若棲息在佛這座須彌山上，也會被染著這四種顏色，因為我已經被無常、苦、空和無我的真理染著了。

世尊呵！據說伊蘭樹（惡臭的樹）生不出栴檀樹（芳香的樹）。但是，我今天親眼目睹伊蘭樹生出了栴檀樹，因為我正是伊蘭樹，而栴檀樹即是無根的信仰。所謂無根，就是我以前不敬佛，不曾種下功德的根。世尊呵！倘若我碰不到世尊的話，恐怕會在地獄飽嘗無量的苦惱，而今遇到世尊，才決心破壞一切煩惱與惡心。」

「好極了、好極了，我明白，你不但破壞自己的惡心，也能破壞衆生的惡心。」

「世尊，我若真能破壞衆生的惡心，為了天下衆生的幸福，縱使在阿鼻地獄歷經無量劫那樣漫長的日子受盡苦楚，我也不會覺得苦惱。」

此時，所有摩揭陀國的人民紛紛起了阿耨多羅三藐三菩提心，因為全體民衆都起了這顆偉大的心，才使國王的罪業輕了下來，國王告訴老婆：「我的現世還沒有結束，便得到天界的長壽，我已經捨掉無常的身體，得到永恆的身體了，因為我使衆生起了阿耨多羅三藐三菩提心，才能得到永恆的身體，這就是當了佛弟子的印證。」

阿闍世王一面向佛呈上各種供物、一面唱說：

「‧如實的話很巧妙，勸告與說明的技巧也很高明，
深奧的秘密寶藏，為天下衆生而開。
‧為衆生活用各種引喻和言語解釋，
也兼用很多例子向衆生解說，也治療他們的心病。

．所有聽到這些話的人，包括相信者、不信者，都要明白佛的說法。

．諸佛說法，深入淺出，都是覺悟之道。

佛的話好像大海的水，都是同一性質，皆是重要道理，不分智愚男女，全都應該明白。

．佛曾經苦行修道，一切都為了衆生，所以才成就慈悲的父母，

這樣一來，世上衆生都是佛弟子。

．我難得碰到佛，成就善業，

願以這些功德來回向無上道。

我要供養佛法僧，願以這些功德，

讓三寶永遠存在世間，

．希望天下衆生都起菩提生，

心向十方諸佛，

希望衆生破除迷妄煩惱，

好像文殊洞悉佛性的深妙。」

佛聽了讚嘆國王：「好極了、好極了，大家若起菩提心，你要知道這等於莊嚴了佛與大衆。大王，因為你在前世曾在毘婆尸佛的座前起過阿耨多羅三藐三菩提心的緣故，從那以後，直到我出現到這個人間，你不曾淪入一次地獄，因為菩提心有這樣偉大的功德。大王，你

今後要經常修持菩提心，藉此才能消除無量的罪業。」

國王和全體人民從座席起立，在佛身邊來回走三次，問訊後才離去。

以上是『涅槃經』的精華，第八章是最後一卷，提到怎樣救度阿闍世?因為他身負殺父之罪，先聽諸臣規勸快去看六師外道，這些話都從唯物論的觀點解說罪業的不存在。其實，早在佛陀活躍時代，印度社會以農村生活為背景，也是歷來婆羅門教生存的溫床，到了以都市生活為背景時，始見理性主義與無神論抬頭，雖然，阿闍世沒有接受六師外道的「治療」，不過，他的理智卻治好了自己的苦惱。

結果，阿闍世接受佛的治療，以致得救了。我想：也許有不少人覺得佛不斷開示阿闍世沒有罪，好像在詭辯，因而一直耿耿於懷吧?!

例如說父親者，實際不存在，那只不過是從要素裡發現的妄想罷了，還有肉體在過去、現在和未來都不會有殺或不殺的問題，所以，殺人是不定的;雖然下達殺他的命令，卻不是自己親手殺他，所以，罪行比較輕些。諸如這些論調都令人疑慮，這一點跟前述一位外道——末伽黎拘舍離子的看法有何分別呢?因為那位外道主張:「即使把刀子刺入人體，那把刀子也只不過通過七項要素的間隙而已，而不是殺人。」

話雖如此，總得想出辦法救出阿闍世才行啊!這部經典作者的熱忱，倒也令人感動。為了救度阿闍世，不惜用詭辯是可以理解的，尤其，佛表示自己跟阿闍世的命運息息相關，乍讀之下，讓人覺得他對阿闍世的慈悲浩瀚無比，由佛以下一段話可以佐證：

「如果大王有罪，那麼，諸佛也一定有罪了，原因是，你的父王前世經常供養過諸佛，因為他得到這份果報才能當上國王。倘若諸佛不接受他的供養，恐怕他不能當上國王，如果不能當國王，也就不會遭你殺害吧？倘若你對父王的死要判罪，那麼，我們諸佛也罪行難逃了，如果諸佛無罪，那麼，你也就會無罪。」

「殺掉無常，才能得涅槃；殺掉苦惱才能得快樂；只有殺掉空，才能得到實在；若殺掉無我，便能得真我；大王呵，倘若你殺掉無常、苦、空和無我的話，那麼，你所做所為就跟我一樣，我也殺掉無常、苦、空和無我。但是，我可沒有下地獄，那你為什麼會下地獄呢？」

如果用這些話能打動阿闍世，而使他轉變心意，開始向善的話，那麼，詭辯的解釋又如何呢？同樣地，在『法華經』有一則三車火宅的譬喻，也提到「佛沒有責備他撒謊」。倘若佛的話跟外道的話有所不同，那麼，關鍵在於對待衆生有沒有無限慈悲？恐怕不在言語的表達方面吧?!

有道是「對機說法」，意謂說法的人最重要的考量，就是要依據對方的能力和條件來講述。例如，內容深淺、言語表達。然而，說教者本身的能力和條件比這個更重要，完全相同的話，看得出自什麼人的口，也會產生完全不同的結果，宗教的言語乃是兩刃之劍，對於明白空的思想的人來說，這種事就毫不意外了。

三、念佛得救——『無量壽經』

『無量壽經』也叫做『大無量壽經』，康僧鎧（出身新疆的學僧）在西元二五二年漢譯出來，這部經典提到一位法藏菩薩，發願說：「要建設極樂淨土，好讓衆生都能出生到那裡。」他成就了大願，法藏便當上淨土的教主，名叫阿彌陀佛（無量壽佛，無量光佛）。他立了四十八大願，而其中一願是——「誰若肯念到自己，誰就能往生淨土。」

「以自我為依皈」乃是佛教原來的教法。不必期待誰能幫自己什麼忙，只有靠自己努力修行，這是佛教的理想。大乘經典描述菩薩的活躍表現，旨在促使大家向菩薩學習。『無量壽經』也許本來就是這些經典之一。法藏的所作所為無疑是利他行為的典範，也許提供念佛是修行的一項助力也說不定。實際上，廬山（江西省佛教聖地）的慧遠（三三四～四一六年）是中國初期的淨土教徒，他們以為念佛在腦海中浮現佛的形相，藉此淨化自己的心，當作攝定心意的手段。

誰知後來發生了一百八十度大轉變，有人以為『無量壽經』不是教人成為救人的菩薩，而是做為被救的衆生。例如，中國的曇鸞（六世紀）、道綽（六～七世紀）、善導（七世紀）

等人，他們覺得靠自己能力開悟做不到，只好求助於阿彌陀佛的誓願：「誰若肯念自己，必能讓誰出生到自己的淨土上。」佛教的修行很難，若是念佛，則人人都能做到，這樣便能求阿彌陀佛來救度了。

他們認為念佛最容易修行，結果在他們之間，有人主張念佛不是思念佛，而是念唱佛的名號。這一來，佛教就逐漸分成難行道與易行道，自力與他力，聖道門（目標在開悟，要從現世修行開始）與淨土門（不在現世修行，希望淨土開悟）等區別了，這部佛經沒有章節，只好由筆者另作章名。

『大無量壽經』

第一章　序

我曾經聽過這樣的話，有一次，佛偕同一萬兩千名比丘住在王舍城的耆闍崛山。還有許多位菩薩也來參與，其中有普賢和慈氏（彌勒），都透過方便而來，打算步釋迦牟尼佛的後塵。原來，釋迦牟尼佛從兜率天下降到王后的胎裡，從右脇生下來，便步行七步，高喊「天下地上唯我獨尊」。他在宮裡勤學各種學藝，生活很享受。他發現生、老、病、死的苦惱，領悟了世事無常，便離開宮廷，到山裡修道，苦行六年。之後坐在樹下大徹大悟，他接受梵天和帝釋的勸請，開始向大眾說法，發出獅子吼，他敲打法鼓，吹起法螺，引導大家開悟，他上街去行乞，讓大家有布施的機會，讓他們做功德，成就福田，他帶著微笑說法，以各種法藥來治療眾生的心病，他向眾菩薩解說怎樣發起菩薩心，建立無量的功德，預言他們會成佛作祖，最後，他在婆羅雙樹下以滅度來示現眾生，但是，他後來亦一直救度眾生，他到別的佛國土去，又從那兒回來，化作男身或女身，繼續講經說法。

他不倦不怠，諸佛也前來支援，眾菩薩接受佛的指點，得到深妙的智慧，他們超越聲聞、緣覺的境界，體悟空、無想和無願三昧，而且活用方便，指出三者的區別，他向聲聞和緣覺示現滅度的情景。其實，什麼也沒發生，他知道各種存在都不生不滅，他超越世間的迷惑，對一切都心無掛礙。

縱使眾生沒有央求他，他也成了眾生的友人，揹負他們的重擔。縱使眾生沒有央求他，他也會給眾生說法，情況跟父母不斷向愛子傳授知識一樣，菩薩為了要使眾生覺悟，才累積功德。（以上這段關於菩薩的文句，梵文經典沒有記載。）

第二章　法藏菩薩的誓願

此時，佛的臉色呈現光輝了，阿難問：「世尊呵，我從來沒有看過您的臉色出現這樣燦爛的光輝，您一定有殊勝和偉大的念頭，不知那是什麼念頭呢？」

佛回答：「好問題，阿難呵，我現在要說的妙法，能夠救度許多衆生，你仔細聽著。」

佛說：「久遠以前，定光如來（過去佛之一，曾預言釋迦牟尼會成佛作祖）出世，教化和滅度過許多衆生，在這以前，有一位光遠如來；在他以前，有一位月光如來；依這順序往前追溯，多達五十位如來，都曾教化和滅度許多衆生。

再往前追溯時，有一位世自在王如來，當這位佛在世時，有一位國王聽他說法後，心服口服，便丟掉王位，去當沙門，名叫法藏。

有一次，法藏告訴世自在王如來說：『我抱有一項大願，我寧願選擇修行，自己成佛之道，也不選擇要供養千百萬億佛的路子，我希望自己有威嚴，足以照耀千百萬億佛土，我想建造比任何國土都要優越的理想國，救度一切衆生，我希望所有出生到我國土的人都能清淨，享受得到幸福和平。因此，碰到任何苦難，我都能忍受修持。世尊，我要向您陳述我這些大願。』

法藏又說：『世尊呵！請您指教各個淨土的光景好嗎？若要成就淨土，必須完成哪些修行呢？我會依照您的教誨去修行，成就淨土。』

佛說：『好極了、好極了，你的願望好像能汲光大海的水，拿得到海底寶物那樣了不得，只要經過無量劫，那也不是不可能實現的願望，只要肯努力，任何願望都能實現。』這一來，佛開始教示法藏多達二百十億諸佛淨土的例子了。

法藏歷經五劫，終於構想出理想的淨土，他稟告說：『我想好了淨土的景象與行誼了。』

佛說：『好極了，好極了，你把那套構想談一談吧。在場的大衆聽了會起信仰心，菩薩也會起願望。』

法藏說：『遵命，但在講述以前，請聽我的誓言（有四十八誓願，我僅列舉一部份）

一、我若成佛時，希望在我建造的淨土上，不要有地獄、餓鬼和畜生等惡道。若不能如此，我就不成佛。

十一、我若成佛時，希望在我淨土上的人，都能進入成佛的聖位，而後達到悟境。若他們不能如此，我便不成佛。

十二、我若成佛時，希望以無限光明，照射無數億國土。若不能如此，我就不成佛。

十三、我若成佛時，希望以無限壽命，能將大家的壽命延長到無窮盡未來。若中途壽命斷絕，我便不成佛。

十四、我若成佛時，希望在我淨土上的小乘聖人（聲聞），數目無限，三千大千世界的聲聞和緣覺，歷經漫長時間也數不盡。若不能這樣，我就不成佛。

十六、我若成佛時，希望在我淨土上的人，即使有些具有不善之名，但願這個國土不要有這個名。否則，我就不成佛。

十七、我若成佛時，希望十方世界諸佛，都能稱讚我的名號和國土的事情。若得到諸佛的稱讚，我便不成佛。

十八、我若成佛時，希望十方世界一切善人、惡人及任何人都能起真心與深切信心，凡願往生來淨土，念唱阿彌陀佛聖號，常念相續，必能如願往生。只要有一人不能往生，我便不成佛，但是，弒父母者，破壞教團者，誹謗佛法所犯惡罪，都不在此限。

十九、我若成佛時，要發心讓十方世界的人往生淨土，念佛讚嘆，希望以修諸功德的真實心，往生淨土。他們的生命結束時，在淨土菩薩圍繞下，被接往淨土去。若不能如此，我便不成佛。

二十、我若成佛時，希望十方世界的人，聽到阿彌陀佛的名號，就能仰慕極樂淨土，念佛稱讚許多功德，並發起其他善根的心，回向這些功德，往生淨土。在長達三度轉生之間，必能如願以償。若不能這樣，我便不成佛。

三十四、我若成佛時，希望十方世界無數國土的人，聽到佛陀名號，都能領悟諸法不生不滅，牢記教法，永不忘懷，若他們得不到這些智慧，我便不成佛。

三十五、我若成佛時，希望十方世界無數國土的女人，聽到佛陀名號，都能發心信佛，想要往生淨土，厭惡女人身，當她們的生命結束後，就能往生淨土，不再成為女人身。若她們不能如願，我就不成佛。

法藏比丘說完誓願時，就唱著：『假如能成就這些誓願的話，大地會震動，天會飄落花來。』果然大地起了六種震動、天落鮮花、響起音樂了。空中傳來讚嘆的聲音：『好極了，好極了。你必能成就最高的覺悟。』法藏以堅強的意志，向世自在王如來與在場大衆，談論自己所想像的淨土，讓他們都聽清楚。

法藏歷經兆載之劫，開始修行菩薩，他克制慾望與憤怒，不執著外界，以忍耐力超越苦痛，進入三昧，心境保持平靜，用和顏悅色接觸大衆，勇猛精進、貫徹初衷。生活在空、無想和無願的真理下，沒有意外……他知道粗話會損人害己，好話會自利利人，接引無數衆生進入悟境。」

第三章　誓願的實現——安樂國與無量壽佛

阿難問佛：「法藏菩薩以後怎麼樣呢？是成佛？還是在修行呢？」

「他已經成佛了，以後歷經十劫之久，而今在西方十萬億佛國土的極樂世界裡。」

佛開始說明安樂國——「安樂國的大地由金、銀、瑠璃、珊瑚、琥珀、瑪腦和硨磲等七寶形成。樹木也由七寶組成，有些樹木是金枝、銀葉、花果；有些樹木是銀枝金葉、和花果。有些樹木呈現金枝銀幹、瑠璃枝、水晶小枝、珊瑚葉、瑪腦花、硨渠果。

無量壽佛的菩提樹高達四百萬里，樹枝向四邊擴展二十萬里。由月光摩尼等寶石造成的，周圍呈現著光輝。樹枝與樹葉在微風搖曳下奏起音樂說法。這種說法通達諸佛國土，誰若聽到這項說法，誰便能證得法忍。

講堂、精舍、宮殿和樓閣等，全都用七寶建造的。到處有池塘、池水具備八種佳味。池底鋪著金砂和銀砂，池面上盛開青蓮、紅蓮和白蓮等花，池岸有栴檀樹會散發香氣。有人進入池裡沐浴時，如果覺得在水裡很舒服，那麼，池水便會自然止於腳；如果覺得水浸到頭部很舒服，那麼，池水會自然止於頭部。波浪微動會發出微妙的聲音，而那種聲音會變成法聲，因應個人的志氣，滿足個人的需要。有人聽到會領悟『寂靜』，有人聽到會悟解『空與無我』，也有人聽到會明白『大慈悲』和『波羅蜜』（大乘的實踐德目）。

飲食的時候，會自動出現七寶造成的食器，而且盤碗裡面裝滿百味的食物。有人只要看到食物的顏色，或聞到香味，便已經覺得飽飽，實際上什麼也沒吃。

那裡沒有地獄、餓鬼和畜生界，四季不分，一年到頭都很平靜，既不熱也不冷。每個人都有漂亮的姿色，而沒有優劣美醜的分別。

安樂國的主人，即是叫做無量壽佛的法藏。因為他有無限長的壽命。縱使十方世界的生靈全都具足聲聞、緣覺般的智慧，互相合作，歷經百千萬劫一直計算下去，也算不出他的壽命有多長？

他也叫做無量光佛，因為他發出的光明強而有力，可以照耀十方無數佛國土。衆生一接觸這道光明，身上的污穢馬上落掉、身心也覺得輕鬆。

安樂國裡，到處都有優秀的菩薩和聲聞。好像目連這樣偉大的聲聞，縱使幾個人聯合起來計算幾年，也照樣數不勝數。一根毛髮撕成百片，若用其中一片撈取大海之水，被撈取的水量雖然不能跟大海的水量相比，但是，上述的偉大聲聞數量，比起所有大聲聞的數量，也等於毛端之一而已。

阿難呵！此時十方恆河細沙數量那麼多佛，忍不住讚嘆這位無量壽佛的功德不可思議（這是第十七願的成就）。因為衆生一聽無量壽佛的聖名，便心生歡喜，即使一次也無妨，只要誠實回向，希望出生該國的話，那麼，便能馬上決定往生，進入不退轉位。但是，犯了五項逆罪，和誹謗正法的人不在此限（這是第十八願的成就）。

希望出生到這塊淨土的人有三輩：上輩的人會當沙門，起菩提心，修功德，專心念無量壽佛，希望出生到該國。當他們臨終時，無量壽佛會率領侍者呈現在他眼前。他會追隨無量壽佛往生淨土。

中輩的人雖然不當沙門，但會發菩提心，修持相當程度的功德，專心念無量壽佛，希望出生到那個國土。所謂某種程度的功德，就是守齋戒、建塔造像、向沙門提供飲食、提燈獻花等。當他們臨終時，無量壽佛的化身會率領一群侍者呈現在他們面前，而他們也會隨著無量壽佛的化身往生到那裡。

下輩的人既不當沙門，也不修功德，但會發菩提心，專心念無量壽佛，誠心誠意想出生到該國，當他臨終時，無量壽佛會呈現在他們的夢中，而他們也會往生到那裡。

阿難呵，十方恆河細沙那麼多諸佛，勸誘本國衆菩薩到無量壽佛的國土去修學。十方衆菩薩果然從東、南和各個角落紛紛來到了。他們看到無量壽佛的國土，自己也忍不住想實現這種淨土。無量壽佛微笑地預言他們將來會成佛作祖，你們皆能開悟，滿足各項願望，實現各種淨土。

阿難呵，安樂國的衆菩薩登上一種地位——『只要再輪迴一次就能成佛』。但是，有一種人例外，就是為了救度衆生，親口發誓要停留在衆生裡。

聲聞所發的光芒長達一尋（一・八公尺）。菩薩所發的光芒卻長達百由旬。在衆菩薩裡，觀世音與大勢至很特別，他們發出的光芒分別籠罩三千大千世界。這兩位都一齊在我國（娑婆）修持菩薩行，才投生到該國。

該國的菩薩感受到佛的威力，便能在極短時間（幾乎像飲食那樣短促）內往來於十方的無量世界。心思一動，他們便具備花、香、幡，拿著去供養佛。

他們正正確確地說法，沒有發生錯誤，對任何事物都不生我執，即無執著心，不論來回，前進或停止，都沒有掛礙，沒有我他之分，一視同仁對待衆生、窮究一佛乘，讓他到達彼岸。

他們的智慧像大海一樣，三昧彷彿巨山似的，他們的心猶如大地，不論乾淨與否，都一律存在大地上，他們的心像虛空，因為對任何事物都不會執著；也彷彿大型的乘載物，把大象從生死世界運走。更像大雨一般，降落甘露之法，解決衆生的口渴。

他們超越嫉妒心，面對強人也不會嫉妒。專心追求正法，不倦不怠，只希望衆生得到心安。」

（其間有三毒殺和五惡段）

佛告訴阿難：「你站起來拜無量壽佛。」

阿難整理一下衣服，向西方合掌，五體投地，禮拜了無量壽佛。之後又央求無量壽佛說：「世尊，請您讓貴國的菩薩和聲聞，讓我們瞧瞧好嗎？」

只見無量壽佛放出了光芒，照射到諸佛的世界，致使聲聞與菩薩所放的光芒立刻消失，整個山川都呈現金黃色了。彷彿目睹大水一般感覺。無量壽佛的身相充滿威嚴，好像諸山上面聳立須彌山一樣。這個光景不僅反映在阿難眼前，也呈現在靈鷲山上的一切衆生眼裡。

此時，胎生的衆生（以胎兒狀態出生的衆生），也看得見期待中的宮殿。本來，這類衆生早就被這種宮殿排拒於外，而今也能享受到宮中的樂趣了。化生的衆生（滿月生下的衆生）可以自由地在外面走動了。慈化菩薩不禁問釋迦牟尼佛：「世尊，為什麼安樂國會有胎生與化生的不同存在呢？」

佛說：「即使想生在安樂國，但若智慧不足，滿腹疑惑的話，也會以胎生方式投生在蓮花苞裡。他們會在這座宮殿（苞）裡度過五百年。在苞開放以前，他們在裡面碰不到佛與說法的機會。反之，凡是希望投生到安樂國，具足智慧，沒有疑惑的衆生，就能生活在開花以後的蓮花上，可以馬上看得到佛了。

遇佛在世難，能遇到這部經的機會更難，而信奉這部經更是難上加難。所以，我才很親切，很詳盡地解說出來。諸位要好好咀嚼推敲，按照經的教示去修行。」

佛說完妙法時，一萬兩千那由他的民衆終於得到清淨的思考了。二十二億位神和有智慧的民衆，也都達到「不再回到這個世界」的地位了。八十萬比丘都滅盡煩惱了。四十億位菩薩也到達不退轉的地位。阿難呵，他們稱讚無量壽佛的誓願功德，在未來世必能成佛作祖。

以上是『無量壽經』的內容，這部經的意義給他力佛教提出端緖。他力佛教的意思是，佛教徒要明白自我實現的重要。在『無量壽經』裡，有一部份叫做「三毒（三種煩惱）與五惡（五種惡行）」兩段值得注意，其間赤裸裸地描述人的膚淺無知。

有人懷疑這個部份是中國人寫的，我在前面省略掉了，不妨留在後面敍述。有些讀者陶醉在極樂的描述裡，而今突然被拉回現實世界，也許心理上不太舒服?!以下是三毒與五惡的精選內容，順序稍微不同。

三毒段與五惡段

世人很輕薄，一天到晚沈迷於無聊的事。不論男女老幼，不論富人窮人也只醉心於錢財名位。若有田地，則憂慮田地；若有家室，便憂慮家事，從衣服、食物和家具，以至所有芝麻小物，都想多多益善，或擔心被偷被搶。從來不讓內心休閒下來，一旦得到某種東西，總想要更多，好不容易拿到手時，又怕它破舊損壞，反正苦惱不休……。

世人的內心充滿嫉妒與憤怒，即使沒有馬上引起爭執，彼此也都懷恨對方，遲遲忘不了。年輕人不了解父母的心，甚至叛逆父母的忠告。

經常懷有淫念，內心焦灼萬狀，沈迷女色，想盡辦法接近女人，說話輕佻，甚至疏遠妻室，跟別的女人私通。結果損失財產，倒楣的事不斷發生。

常常懷有盜心，企圖損害別人的利益，僅有稍許收穫，又出現新的慾望，結果出手搶劫，有時會威脅別人，圖謀對方的財產，金屋藏嬌，等到財產消失，又去幹壞事，因為心念不正，才會不斷看人的眼色行事。

為了自己的幸福，不惜拍別人的馬屁，口是心非，妒嫉賢人、陷害好人，無知的君主一旦信賴壞人，壞臣子便領悟要領，利用職權圖利自己，君主對他言聽計從，以至失去了忠臣。

諸如此類的惡行都難逃報應，例如生活孤獨，以至落寂而死，反之，誰也不能代他受報，一切由他自己負責到底，為何在健壯時不去修持善行，或克服迷惑的世俗呢？等到臨時才懊悔也太遲了，有人在日常生活裡漫不經心地繼承祖傳的世俗知識。其實，祖先們本來沒有修過什麼善德，亦不知道德的價值和意義，致使後代子孫仍然處在輪迴的黑暗裡，茫然若失，他們不知怎樣超越生死，父親失去兒女，便失聲哭泣，兒女失去父親也痛心欲死，當親子、兄弟和夫婦之中，有一人先死，活下來的人也忍不住在回憶中哭泣，活得很可憐。

佛經對於現實人生的認識如此深刻，實在很難得，就這方面來說，他力佛教無疑鸞適合現代人。實際上，人類所以能了解自己，也是等到精神成熟以後。舊石器時代後期的人類，在洞窟裡仍然留存狩獵的圖畫，動物像蠻逼真，人物像彷彿漫畫一般。人物能夠表現得逼真，無疑在西元前五世紀前後出現在希臘，這個史實表示人類先注意對象世界，之後才注意自己。

同樣的情狀也可以反映在聖道門與淨土門方面，洞窟繪畫的動物相當於佛教的理想。佛教徒先描述完美的理想，但對自我的現狀無知得很。不久才注意到自己的形象，結果發覺沒有輕易的替代品——自我與煩惱的熾烈，如果肯修行，總有一天能夠克服才對。

其實，不論佛經怎樣生動地說明人生的現實狀態，那也只不過是別人的事，也是人類的一般常態。不過，有人卻把自身的實況在同伴與徒眾之前表露無餘。他就是日本的親鸞，這種行為需要相當勇氣的。

基督教的保羅也有一番坦述，不妨跟親鸞比較一下。

「我什麼善行都不想幹，只想做壞事。」

有人乍聞保羅這句——「我不做好事，只想幹壞事」——的坦率自白，會忍不住稱讚他是個老實人，因為沒有聽他說「我喜善憎惡」。

倘若保羅真是「喜善憎惡」的話，那麼，他的自白就不必要什麼勇氣了，如果不是真心話，那麼，他就是偽善者，對自己無知。不管怎樣，真正苦惱的人，可能就是在保羅眼裡看不到自己的前輩。

親鸞的自我反省很完美，因為他常說：「我不覺得淨土有什麼吸引力。」當然，他更不時表示「沈沒於愛慾的廣大海洋，迷惑在名利的大山之中。」因為如此，才會有些人有興趣聽他的話，這些人發現親鸞跟自己竟是同病相憐。

親鸞甚至想要放棄佛教，乾脆沈迷在世俗生活算啦，結果沒有這樣做，為什麼呢？他肯定認為世俗生活也不能完全得到滿足。於是，他才有煩惱的概念，他說：「不覺得淨土有什麼吸引力。」正因為他確實看到煩惱的存在，才不曾使他懷疑淨土的存在，這一來，他才自覺是個凡夫，繼而努力追求自己到底有沒有救？

在『教行信證』信卷中，長篇大論引用『涅槃經』「救度阿闍世」這一篇。看到這裡，便不難明白親鸞多麼想要探究壞人得救的可能性。

在人世間，有人生來很少煩惱，便皈依自力的佛教。但是，也有人僅僅因為對自己的無知才皈依。不久，這種人也許會莫名其妙地開始隱藏在心理的壓抑下，也許有些人認為佛教就是克服這種壓抑的東西，倘若在戰勝前被粉碎的話，便什麼都沒有了。譬如有些父母常常勉勵孩子說：「好孩子！你多加油。」這句話對三、四歲的孩子很有效，到了孩子十四、五歲，開始有了自我的認識，乍聞這句話也許會產生壞結果。愛子心切的父母一旦發覺希望落空，也許會絕望地自殺也說不定。

在凡夫的感覺裡，自力佛教是一種重大負荷，而親鸞好像地獄的佛菩薩，凡夫迷惑自力佛教怎會變成負荷？到底負荷什麼？或者不是負荷？此時忽然出現親鸞，才將一切明朗化，給他們提示解決之道，了解自己這件事也許幻滅也說不定，至少知道正確的對應方法了。

然而，他力佛教不一定容易實行，它很難取信於一般人，親鸞卻把疑慮轉換為信仰的踏腳板，他也曾說：「我不知道念佛是不是下地獄的手段？我只相信法然上人才念佛。」這不是普通人能夠做得到的。

有些現代人討厭知識，以為念佛可以達到無我的境界，他們也許會接受它也說不定。有人在反覆念唱「南無阿彌陀佛」聲中忘掉自己，結果跟聖道門的目標相同。而且，遠比聖道門的直接方法更能確切地實現目的。這是一種方便，如果在實質上除這個以外，沒有其他方法可以達到無我的境界，那麼，念佛就是唯一的方便，甚至可說是很真實的方便才對。果真如此，題目也是相同。有人只要反覆念唱「南無妙法蓮華經」，便能置身在無我境界。有道是「念佛是小法華，法華是大念佛」，但是，佛教的各種思想，恐怕歸根究柢就是一種吧。

但是，這樣想法也許違背親鸞的意思也不一定。因為親鸞的心裡自始至終都信仰阿彌陀佛這位人格典範，親鸞的師父——法然上人曾經說：「我們所謂念佛可不是知識份子所說的念佛。」淨土門裡，也許有知識份子所用，和非知識份子所用兩者也說不定。上述「他力佛教不易實行」，這對「知識份子」而言，縱使不易實行，殊不知對「非知識份子」也許容易行得通也不一定。

所謂方便，「他力」也不是方便才對。親鸞不站在救度者的立場，而是站在被救度的立場，他很成功地讓人看得見被救度的情形。這一來，有人便學他而得救。結果，親鸞反而變成救人的身份了。同樣地，凡是學他的人也都站在救度者的立場了，乍見之下，他們是一群待救的衆生，其實是救度人的菩薩。

淨土真宗有一種思想——「自力」才是真正方便，自力就是先讓人體驗它的難處，之後才容易使人相信他力的一種方便。

大乘這種運動起因於想儘量讓許多人開悟，可見這項歷史是名符其實的運動史。『法華經』講述聲聞與緣覺怎樣成佛；『涅槃經』說明壞人怎樣成佛；『無量壽經』提供念佛很容易實行；希望更多人可以成佛作祖，大乘佛教就這樣一步一步變成名符其實了。

親鸞是最後一步台階，以往的所有大乘祖師都沒有家室，在這方面，他們雖然宣傳大家可以成佛，但都不相信在家人。成佛非要單身一輩子不可嗎？若非這樣，照理說他們不會打光棍一輩子才對，親鸞把這個疑慮一掃而光，因為他娶妻生子，由於他這項勇敢的做法，才使佛教真正成為一切衆生的信仰了。

大展出版社有限公司	圖書目錄
地址：台北市北投區11204 致遠一路二段12巷1號 郵撥： 0166955～1	電話：(02) 8236031 8236033 傳眞：(02) 8272069

・法律專欄連載・電腦編號 58

台大法學院 法律學系／策劃
法律服務社／編著

①別讓您的權利睡著了1	200元
②別讓您的權利睡著了2	200元

・秘傳占卜系列・電腦編號 14

①手相術	淺野八郎著	150元
②人相術	淺野八郎著	150元
③西洋占星術	淺野八郎著	150元
④中國神奇占卜	淺野八郎著	150元
⑤夢判斷	淺野八郎著	150元
⑥前世、來世占卜	淺野八郎著	150元
⑦法國式血型學	淺野八郎著	150元
⑧靈感、符咒學	淺野八郎著	150元
⑨紙牌占卜學	淺野八郎著	150元
⑩ＥＳＰ超能力占卜	淺野八郎著	150元
⑪猶太數的秘術	淺野八郎著	150元
⑫新心理測驗	淺野八郎著	160元

・趣味心理講座・電腦編號 15

①性格測驗１	探索男與女	淺野八郎著	140元
②性格測驗２	透視人心奧秘	淺野八郎著	140元
③性格測驗３	發現陌生的自己	淺野八郎著	140元
④性格測驗４	發現你的真面目	淺野八郎著	140元
⑤性格測驗５	讓你們吃驚	淺野八郎著	140元
⑥性格測驗６	洞穿心理盲點	淺野八郎著	140元
⑦性格測驗７	探索對方心理	淺野八郎著	140元
⑧性格測驗８	由吃認識自己	淺野八郎著	140元
⑨性格測驗９	戀愛知多少	淺野八郎著	140元

⑩性格測驗10　由裝扮瞭解人心　淺野八郎著　140元
⑪性格測驗11　敲開內心玄機　淺野八郎著　140元
⑫性格測驗12　透視你的未來　淺野八郎著　140元
⑬血型與你的一生　淺野八郎著　160元
⑭趣味推理遊戲　淺野八郎著　160元
⑮行爲語言解析　淺野八郎著　160元

・婦 幼 天 地・電腦編號16

①八萬人減肥成果	黃靜香譯	180元
②三分鐘減肥體操	楊鴻儒譯	150元
③窈窕淑女美髮秘訣	柯素娥譯	130元
④使妳更迷人	成　玉譯	130元
⑤女性的更年期	官舒妍編譯	160元
⑥胎內育兒法	李玉瓊編譯	150元
⑦早產兒袋鼠式護理	唐岱蘭譯	200元
⑧初次懷孕與生產	婦幼天地編譯組	180元
⑨初次育兒12個月	婦幼天地編譯組	180元
⑩斷乳食與幼兒食	婦幼天地編譯組	180元
⑪培養幼兒能力與性向	婦幼天地編譯組	180元
⑫培養幼兒創造力的玩具與遊戲	婦幼天地編譯組	180元
⑬幼兒的症狀與疾病	婦幼天地編譯組	180元
⑭腿部苗條健美法	婦幼天地編譯組	150元
⑮女性腰痛別忽視	婦幼天地編譯組	150元
⑯舒展身心體操術	李玉瓊編譯	130元
⑰三分鐘臉部體操	趙薇妮著	160元
⑱生動的笑容表情術	趙薇妮著	160元
⑲心曠神怡減肥法	川津祐介著	130元
⑳內衣使妳更美麗	陳玄茹譯	130元
㉑瑜伽美姿美容	黃靜香編著	150元
㉒高雅女性裝扮學	陳珮玲譯	180元
㉓蠶糞肌膚美顏法	坂梨秀子著	160元
㉔認識妳的身體	李玉瓊譯	160元
㉕產後恢復苗條體態	居理安・芙萊喬著	200元
㉖正確護髮美容法	山崎伊久江著	180元
㉗安琪拉美姿養生學	安琪拉蘭斯博瑞著	180元
㉘女體性醫學剖析	增田豐著	220元
㉙懷孕與生產剖析	岡部綾子著	180元
㉚斷奶後的健康育兒	東城百合子著	220元
㉛引出孩子幹勁的責罵藝術	多湖輝著	170元
㉜培養孩子獨立的藝術	多湖輝著	170元

㉝子宮肌瘤與卵巢囊腫	陳秀琳編著	180元
㉞下半身減肥法	納他夏・史達賓著	180元
㉟女性自然美容法	吳雅菁編著	180元

・青 春 天 地・電腦編號 17

①A血型與星座	柯素娥編譯	120元
②B血型與星座	柯素娥編譯	120元
③O血型與星座	柯素娥編譯	120元
④AB血型與星座	柯素娥編譯	120元
⑤青春期性教室	呂貴嵐編譯	130元
⑥事半功倍讀書法	王毅希編譯	150元
⑦難解數學破題	宋釗宜編譯	130元
⑧速算解題技巧	宋釗宜編譯	130元
⑨小論文寫作秘訣	林顯茂編譯	120元
⑪中學生野外遊戲	熊谷康編著	120元
⑫恐怖極短篇	柯素娥編譯	130元
⑬恐怖夜話	小毛驢編譯	130元
⑭恐怖幽默短篇	小毛驢編譯	120元
⑮黑色幽默短篇	小毛驢編譯	120元
⑯靈異怪談	小毛驢編譯	130元
⑰錯覺遊戲	小毛驢編譯	130元
⑱整人遊戲	小毛驢編著	150元
⑲有趣的超常識	柯素娥編譯	130元
⑳哦！原來如此	林慶旺編譯	130元
㉑趣味競賽100種	劉名揚編譯	120元
㉒數學謎題入門	宋釗宜編譯	150元
㉓數學謎題解析	宋釗宜編譯	150元
㉔透視男女心理	林慶旺編譯	120元
㉕少女情懷的自白	李桂蘭編譯	120元
㉖由兄弟姊妹看命運	李玉瓊編譯	130元
㉗趣味的科學魔術	林慶旺編譯	150元
㉘趣味的心理實驗室	李燕玲編譯	150元
㉙愛與性心理測驗	小毛驢編譯	130元
㉚刑案推理解謎	小毛驢編譯	130元
㉛偵探常識推理	小毛驢編譯	130元
㉜偵探常識解謎	小毛驢編譯	130元
㉝偵探推理遊戲	小毛驢編譯	130元
㉞趣味的超魔術	廖玉山編著	150元
㉟趣味的珍奇發明	柯素娥編著	150元
㊱登山用具與技巧	陳瑞菊編著	150元

・健康天地・電腦編號18

①壓力的預防與治療	柯素娥編譯	130元
②超科學氣的魔力	柯素娥編譯	130元
③尿療法治病的神奇	中尾良一著	130元
④鐵證如山的尿療法奇蹟	廖玉山譯	120元
⑤一日斷食健康法	葉慈容編譯	150元
⑥胃部強健法	陳炳崑譯	120元
⑦癌症早期檢查法	廖松濤譯	160元
⑧老人痴呆症防止法	柯素娥編譯	130元
⑨松葉汁健康飲料	陳麗芬編譯	130元
⑩揉肚臍健康法	永井秋夫著	150元
⑪過勞死、猝死的預防	卓秀貞編譯	130元
⑫高血壓治療與飲食	藤山順豐著	150元
⑬老人看護指南	柯素娥編譯	150元
⑭美容外科淺談	楊啟宏著	150元
⑮美容外科新境界	楊啟宏著	150元
⑯鹽是天然的醫生	西英司郎著	140元
⑰年輕十歲不是夢	梁瑞麟譯	200元
⑱茶料理治百病	桑野和民著	180元
⑲綠茶治病寶典	桑野和民著	150元
⑳杜仲茶養顏減肥法	西田博著	150元
㉑蜂膠驚人療效	瀨長良三郎著	150元
㉒蜂膠治百病	瀨長良三郎著	180元
㉓醫藥與生活	鄭炳全著	180元
㉔鈣長生寶典	落合敏著	180元
㉕大蒜長生寶典	木下繁太郎著	160元
㉖居家自我健康檢查	石川恭三著	160元
㉗永恒的健康人生	李秀鈴譯	200元
㉘大豆卵磷脂長生寶典	劉雪卿譯	150元
㉙芳香療法	梁艾琳譯	160元
㉚醋長生寶典	柯素娥譯	180元
㉛從星座透視健康	席拉・吉蒂斯著	180元
㉜愉悅自在保健學	野本二士夫著	160元
㉝裸睡健康法	丸山淳士等著	160元
㉞糖尿病預防與治療	藤田順豐著	180元
㉟維他命長生寶典	菅原明子著	180元
㊱維他命C新效果	鐘文訓編	150元
㊲手、腳病理按摩	堤芳郎著	160元
㊳AIDS瞭解與預防	彼得塔歇爾著	180元

㊴甲殼質殼聚糖健康法	沈永嘉譯	160元
㊵神經痛預防與治療	木下眞男著	160元
㊶室內身體鍛鍊法	陳炳崑編著	160元
㊷吃出健康藥膳	劉大器編著	180元
㊸自我指壓術	蘇燕謀編著	160元
㊹紅蘿蔔汁斷食療法	李玉瓊編著	150元
㊺洗心術健康秘法	竺翠萍編譯	170元
㊻枇杷葉健康療法	柯素娥編譯	180元
㊼抗衰血癒	楊啟宏著	180元
㊽與癌搏鬥記	逸見政孝著	180元
㊾冬蟲夏草長生寶典	高橋義博著	170元
㊿痔瘡・大腸疾病先端療法	宮島伸宜著	180元
51膠布治癒頑固慢性病	加瀨建造著	180元
52芝麻神奇健康法	小林貞作著	170元
53香煙能防止癡呆？	高田明和著	180元
54穀菜食治癌療法	佐藤成志著	180元

・實用女性學講座・電腦編號 19

①解讀女性內心世界	島田一男著	150元
②塑造成熟的女性	島田一男著	150元
③女性整體裝扮學	黃靜香編著	180元
④女性應對禮儀	黃靜香編著	180元

・校 園 系 列・電腦編號 20

①讀書集中術	多湖輝著	150元
②應考的訣竅	多湖輝著	150元
③輕鬆讀書贏得聯考	多湖輝著	150元
④讀書記憶秘訣	多湖輝著	150元
⑤視力恢復！超速讀術	江錦雲譯	180元
⑥讀書36計	黃柏松編著	180元
⑦驚人的速讀術	鐘文訓編著	170元

・實用心理學講座・電腦編號 21

①拆穿欺騙伎倆	多湖輝著	140元
②創造好構想	多湖輝著	140元
③面對面心理術	多湖輝著	160元
④偽裝心理術	多湖輝著	140元
⑤透視人性弱點	多湖輝著	140元

⑥自我表現術	多湖輝著	150元
⑦不可思議的人性心理	多湖輝著	150元
⑧催眠術入門	多湖輝著	150元
⑨責罵部屬的藝術	多湖輝著	150元
⑩精神力	多湖輝著	150元
⑪厚黑說服術	多湖輝著	150元
⑫集中力	多湖輝著	150元
⑬構想力	多湖輝著	150元
⑭深層心理術	多湖輝著	160元
⑮深層語言術	多湖輝著	160元
⑯深層說服術	多湖輝著	180元
⑰掌握潛在心理	多湖輝著	160元
⑱洞悉心理陷阱	多湖輝著	180元
⑲解讀金錢心理	多湖輝著	180元
⑳拆穿語言圈套	多湖輝著	180元
㉑語言的心理戰	多湖輝著	180元

・超現實心理講座・電腦編號 22

①超意識覺醒法	詹蔚芬編譯	130元
②護摩秘法與人生	劉名揚編譯	130元
③秘法！超級仙術入門	陸　明譯	150元
④給地球人的訊息	柯素娥編著	150元
⑤密教的神通力	劉名揚編著	130元
⑥神秘奇妙的世界	平川陽一著	180元
⑦地球文明的超革命	吳秋嬌譯	200元
⑧力量石的秘密	吳秋嬌譯	180元
⑨超能力的靈異世界	馬小莉譯	200元
⑩逃離地球毀滅的命運	吳秋嬌譯	200元
⑪宇宙與地球終結之謎	南山宏著	200元
⑫驚世奇功揭秘	傅起鳳著	200元
⑬啟發身心潛力心象訓練法	栗田昌裕著	180元
⑭仙道術遁甲法	高藤聰一郎著	220元
⑮神通力的秘密	中岡俊哉著	180元

・養 生 保 健・電腦編號 23

①醫療養生氣功	黃孝寬著	250元
②中國氣功圖譜	余功保著	230元
③少林醫療氣功精粹	井玉蘭著	250元
④龍形實用氣功	吳大才等著	220元

⑤魚戲增視強身氣功	宮 嬰著	220元
⑥嚴新氣功	前新培金著	250元
⑦道家玄牝氣功	張 章著	200元
⑧仙家秘傳袪病功	李遠國著	160元
⑨少林十大健身功	秦慶豐著	180元
⑩中國自控氣功	張明武著	250元
⑪醫療防癌氣功	黃孝寬著	250元
⑫醫療強身氣功	黃孝寬著	250元
⑬醫療點穴氣功	黃孝寬著	250元
⑭中國八卦如意功	趙維漢著	180元
⑮正宗馬禮堂養氣功	馬禮堂著	420元
⑯秘傳道家筋經內丹功	王慶餘著	280元
⑰三元開慧功	辛桂林著	250元
⑱防癌治癌新氣功	郭 林著	180元
⑲禪定與佛家氣功修煉	劉天君著	200元
⑳顛倒之術	梅自強著	元
㉑簡明氣功辭典	吳家駿編	元

•社會人智囊• 電腦編號 24

①糾紛談判術	清水增三著	160元
②創造關鍵術	淺野八郎著	150元
③觀人術	淺野八郎著	180元
④應急詭辯術	廖英迪編著	160元
⑤天才家學習術	木原武一著	160元
⑥猫型狗式鑑人術	淺野八郎著	180元
⑦逆轉運掌握術	淺野八郎著	180元
⑧人際圓融術	澀谷昌三著	160元
⑨解讀人心術	淺野八郎著	180元
⑩與上司水乳交融術	秋元隆司著	180元
⑪男女心態定律	小田晉著	180元
⑫幽默說話術	林振輝編著	200元
⑬人能信賴幾分	淺野八郎著	180元
⑭我一定能成功	李玉瓊譯	元
⑮獻給青年的嘉言	陳蒼杰譯	元
⑯知人、知面、知其心	林振輝編著	元

•精 選 系 列• 電腦編號 25

①毛澤東與鄧小平	渡邊利夫等著	280元
②中國大崩裂	江戶介雄著	180元

③台灣・亞洲奇蹟	上村幸治著	220元
④7-ELEVEN高盈收策略	國友隆一著	180元
⑤台灣獨立	森　詠著	200元
⑥迷失中國的末路	江戶雄介著	220元
⑦2000年5月全世界毀滅	紫藤甲子男著	180元

・運動遊戲・電腦編號 26

①雙人運動	李玉瓊譯	160元
②愉快的跳繩運動	廖玉山譯	180元
③運動會項目精選	王佑京譯	150元
④肋木運動	廖玉山譯	150元
⑤測力運動	王佑宗譯	150元

・銀髮族智慧學・電腦編號 28

①銀髮六十樂逍遙	多湖輝著	170元
②人生六十反年輕	多湖輝著	170元
③六十歲的決斷	多湖輝著	170元

・心靈雅集・電腦編號 00

①禪言佛語看人生	松濤弘道著	180元
②禪密教的奧秘	葉逯謙譯	120元
③觀音大法力	田口日勝著	120元
④觀音法力的大功德	田口日勝著	120元
⑤達摩禪106智慧	劉華亭編譯	150元
⑥有趣的佛教研究	葉逯謙編譯	120元
⑦夢的開運法	蕭京凌譯	130元
⑧禪學智慧	柯素娥編譯	130元
⑨女性佛教入門	許俐萍譯	110元
⑩佛像小百科	心靈雅集編譯組	130元
⑪佛教小百科趣談	心靈雅集編譯組	120元
⑫佛教小百科漫談	心靈雅集編譯組	150元
⑬佛教知識小百科	心靈雅集編譯組	150元
⑭佛學名言智慧	松濤弘道著	220元
⑮釋迦名言智慧	松濤弘道著	220元
⑯活人禪	平田精耕著	120元
⑰坐禪入門	柯素娥編譯	150元
⑱現代禪悟	柯素娥編譯	130元
⑲道元禪師語錄	心靈雅集編譯組	130元

⑳佛學經典指南	心靈雅集編譯組	130元
㉑何謂「生」 阿含經	心靈雅集編譯組	150元
㉒一切皆空 般若心經	心靈雅集編譯組	150元
㉓超越迷惘 法句經	心靈雅集編譯組	130元
㉔開拓宇宙觀 華嚴經	心靈雅集編譯組	130元
㉕真實之道 法華經	心靈雅集編譯組	130元
㉖自由自在 涅槃經	心靈雅集編譯組	130元
㉗沈默的教示 維摩經	心靈雅集編譯組	150元
㉘開通心眼 佛語佛戒	心靈雅集編譯組	130元
㉙揭秘寶庫 密教經典	心靈雅集編譯組	130元
㉚坐禪與養生	廖松濤譯	110元
㉛釋尊十戒	柯素娥編譯	120元
㉜佛法與神通	劉欣如編著	120元
㉝悟（正法眼藏的世界）	柯素娥編譯	120元
㉞只管打坐	劉欣如編著	120元
㉟喬答摩・佛陀傳	劉欣如編著	120元
㊱唐玄奘留學記	劉欣如編著	120元
㊲佛教的人生觀	劉欣如編譯	110元
㊳無門關（上卷）	心靈雅集編譯組	150元
㊴無門關（下卷）	心靈雅集編譯組	150元
㊵業的思想	劉欣如編著	130元
㊶佛法難學嗎	劉欣如著	140元
㊷佛法實用嗎	劉欣如著	140元
㊸佛法殊勝嗎	劉欣如著	140元
㊹因果報應法則	李常傳編	140元
㊺佛教醫學的奧秘	劉欣如編著	150元
㊻紅塵絕唱	海 若著	130元
㊼佛教生活風情	洪丕謨、姜玉珍著	220元
㊽行住坐臥有佛法	劉欣如著	160元
㊾起心動念是佛法	劉欣如著	160元
㊿四字禪語	曹洞宗青年會	200元
⑤①妙法蓮華經	劉欣如編著	160元
⑤②根本佛教與大乘佛教	葉作森編	180元

・經 營 管 理・電腦編號 01

◎創新經營管理六十六大計（精）	蔡弘文編	780元
①如何獲取生意情報	蘇燕謀譯	110元
②經濟常識問答	蘇燕謀譯	130元
④台灣商戰風雲錄	陳中雄著	120元
⑤推銷大王秘錄	原一平著	180元

⑥新創意・賺大錢	王家成譯	90元
⑦工廠管理新手法	琪　輝著	120元
⑨經營參謀	柯順隆譯	120元
⑩美國實業24小時	柯順隆譯	80元
⑪撼動人心的推銷法	原一平著	150元
⑫高竿經營法	蔡弘文編	120元
⑬如何掌握顧客	柯順隆譯	150元
⑭一等一賺錢策略	蔡弘文編	120元
⑯成功經營妙方	鐘文訓著	120元
⑰一流的管理	蔡弘文編	150元
⑱外國人看中韓經濟	劉華亭譯	150元
⑳突破商場人際學	林振輝編著	90元
㉑無中生有術	琪輝編著	140元
㉒如何使女人打開錢包	林振輝編著	100元
㉓操縱上司術	邑井操著	90元
㉔小公司經營策略	王嘉誠著	160元
㉕成功的會議技巧	鐘文訓編譯	100元
㉖新時代老闆學	黃柏松編著	100元
㉗如何創造商場智囊團	林振輝編譯	150元
㉘十分鐘推銷術	林振輝編譯	180元
㉙五分鐘育才	黃柏松編譯	100元
㉚成功商場戰術	陸明編譯	100元
㉛商場談話技巧	劉華亭編譯	120元
㉜企業帝王學	鐘文訓譯	90元
㉝自我經濟學	廖松濤編譯	100元
㉞一流的經營	陶田生編著	120元
㉟女性職員管理術	王昭國編譯	120元
㊱ＩＢＭ的人事管理	鐘文訓編譯	150元
㊲現代電腦常識	王昭國編譯	150元
㊳電腦管理的危機	鐘文訓編譯	120元
㊴如何發揮廣告效果	王昭國編譯	150元
㊵最新管理技巧	王昭國編譯	150元
㊶一流推銷術	廖松濤編譯	150元
㊷包裝與促銷技巧	王昭國編譯	130元
㊸企業王國指揮塔	松下幸之助著	120元
㊹企業精銳兵團	松下幸之助著	120元
㊺企業人事管理	松下幸之助著	100元
㊻華僑經商致富術	廖松濤編譯	130元
㊼豐田式銷售技巧	廖松濤編譯	180元
㊽如何掌握銷售技巧	王昭國編著	130元
㊿洞燭機先的經營	鐘文訓編譯	150元

㊼新世紀的服務業	鐘文訓編譯	100元
㊽成功的領導者	廖松濤編譯	120元
㊾女推銷員成功術	李玉瓊編譯	130元
㊿ＩＢＭ人才培育術	鐘文訓編譯	100元
㊱企業人自我突破法	黃琪輝編著	150元
㊳財富開發術	蔡弘文編著	130元
㊴成功的店舖設計	鐘文訓編著	150元
㊶企管回春法	蔡弘文編著	130元
㊷小企業經營指南	鐘文訓編譯	100元
㊸商場致勝名言	鐘文訓編譯	150元
㊹迎接商業新時代	廖松濤編譯	100元
㊻新手股票投資入門	何朝乾　編	180元
㊼上揚股與下跌股	何朝乾編譯	180元
㊽股票速成學	何朝乾編譯	200元
㊾理財與股票投資策略	黃俊豪編著	180元
㊿黃金投資策略	黃俊豪編著	180元
71厚黑管理學	廖松濤編譯	180元
72股市致勝格言	呂梅莎編譯	180元
73透視西武集團	林谷燁編譯	150元
76巡迴行銷術	陳蒼杰譯	150元
77推銷的魔術	王嘉誠譯	120元
78 60秒指導部屬	周蓮芬編譯	150元
79精鋭女推銷員特訓	李玉瓊編譯	130元
80企劃、提案、報告圖表的技巧	鄭　汶　譯	180元
81海外不動產投資	許達守編譯	150元
82八百伴的世界策略	李玉瓊譯	150元
83服務業品質管理	吳宜芬譯	180元
84零庫存銷售	黃東謙編譯	150元
85三分鐘推銷管理	劉名揚編譯	150元
86推銷大王奮鬥史	原一平著	150元
87豐田汽車的生產管理	林谷燁編譯	150元

•成 功 寶 庫• 電腦編號 02

①上班族交際術	江森滋著	100元
②拍馬屁訣竅	廖玉山編譯	110元
④聽話的藝術	歐陽輝編譯	110元
⑨求職轉業成功術	陳　義編著	110元
⑩上班族禮儀	廖玉山編著	120元
⑪接近心理學	李玉瓊編著	100元
⑫創造自信的新人生	廖松濤編著	120元

⑭上班族如何出人頭地	廖松濤編著	100元
⑮神奇瞬間瞑想法	廖松濤編譯	100元
⑯人生成功之鑰	楊意苓編著	150元
⑲給企業人的諍言	鐘文訓編著	120元
⑳企業家自律訓練法	陳　義編譯	100元
㉑上班族妖怪學	廖松濤編著	100元
㉒猶太人縱橫世界的奇蹟	孟佑政編著	110元
㉓訪問推銷術	黃静香編著	130元
㉕你是上班族中強者	嚴思圖編著	100元
㉖向失敗挑戰	黃静香編著	100元
㉙機智應對術	李玉瓊編著	130元
㉚成功頓悟100則	蕭京凌編譯	130元
㉛掌握好運100則	蕭京凌編譯	110元
㉜知性幽默	李玉瓊編譯	130元
㉝熟記對方絕招	黃静香編譯	100元
㉞男性成功秘訣	陳蒼杰編譯	130元
㊱業務員成功秘方	李玉瓊編著	120元
㊲察言觀色的技巧	劉華亭編著	130元
㊳一流領導力	施義彥編譯	120元
㊴一流說服力	李玉瓊編著	130元
㊵30秒鐘推銷術	廖松濤編譯	150元
㊶猶太成功商法	周蓮芬編譯	120元
㊷尖端時代行銷策略	陳蒼杰編著	100元
㊸顧客管理學	廖松濤編著	100元
㊹如何使對方說Yes	程　羲編著	150元
㊺如何提高工作效率	劉華亭編著	150元
㊼上班族口才學	楊鴻儒譯	120元
㊽上班族新鮮人須知	程　羲編著	120元
㊾如何左右逢源	程　羲編著	130元
㊿語言的心理戰	多湖輝著	130元
51扣人心弦演說術	劉名揚編著	120元
53如何增進記憶力、集中力	廖松濤譯	130元
55性惡企業管理學	陳蒼杰譯	130元
56自我啟發200招	楊鴻儒編著	150元
57做個傑出女職員	劉名揚編著	130元
58靈活的集團營運術	楊鴻儒編著	120元
60個案研究活用法	楊鴻儒編著	130元
61企業教育訓練遊戲	楊鴻儒編著	120元
62管理者的智慧	程　義編譯	130元
63做個佼佼管理者	馬筱莉編譯	130元
64智慧型說話技巧	沈永嘉編譯	130元

⑯活用佛學於經營	松濤弘道著	150元
⑰活用禪學於企業	柯素娥編譯	130元
⑱詭辯的智慧	沈永嘉編譯	150元
⑲幽默詭辯術	廖玉山編譯	150元
⑳拿破崙智慧箴言	柯素娥編譯	130元
㉑自我培育・超越	蕭京凌編譯	150元
㉔時間即一切	沈永嘉編譯	130元
㉕自我脫胎換骨	柯素娥譯	150元
㉖贏在起跑點—人才培育鐵則	楊鴻儒編譯	150元
㉗做一枚活棋	李玉瓊編譯	130元
㉘面試成功戰略	柯素娥編譯	130元
㉙自我介紹與社交禮儀	柯素娥編譯	150元
㉚說NO的技巧	廖玉山編譯	130元
㉛瞬間攻破心防法	廖玉山編譯	120元
㉜改變一生的名言	李玉瓊編譯	130元
㉝性格性向創前程	楊鴻儒編譯	130元
㉞訪問行銷新竅門	廖玉山編譯	150元
㉟無所不達的推銷話術	李玉瓊編譯	150元

• 處 世 智 慧 • 電腦編號 03

①如何改變你自己	陸明編譯	120元
④幽默說話術	林振輝編譯	120元
⑤讀書36計	黃柏松編譯	120元
⑥靈感成功術	譚繼山編譯	80元
⑧扭轉一生的五分鐘	黃柏松編譯	100元
⑨知人、知面、知其心	林振輝譯	110元
⑩現代人的詭計	林振輝譯	100元
⑫如何利用你的時間	蘇遠謀譯	80元
⑬口才必勝術	黃柏松編譯	120元
⑭女性的智慧	譚繼山編譯	90元
⑮如何突破孤獨	張文志編譯	80元
⑯人生的體驗	陸明編譯	80元
⑰微笑社交術	張芳明譯	90元
⑱幽默吹牛術	金子登著	90元
⑲攻心說服術	多湖輝著	100元
⑳當機立斷	陸明編譯	70元
㉑勝利者的戰略	宋恩臨編譯	80元
㉒如何交朋友	安紀芳編著	70元
㉓鬥智奇謀（諸葛孔明兵法）	陳炳崑著	70元
㉔慧心良言	亦　奇著	80元

㉕名家慧語	蔡逸鴻主編	90元
㉗稱霸者啟示金言	黃柏松編譯	90元
㉘如何發揮你的潛能	陸明編譯	90元
㉙女人身態語言學	李常傳譯	130元
㉚摸透女人心	張文志譯	90元
㉛現代戀愛秘訣	王家成譯	70元
㉜給女人的悄悄話	妮倩編譯	90元
㉞如何開拓快樂人生	陸明編譯	90元
㉟驚人時間活用法	鐘文訓譯	80元
㊱成功的捷徑	鐘文訓譯	70元
㊲幽默逗笑術	林振輝著	120元
㊳活用血型讀書法	陳炳崑譯	80元
㊴心　燈	葉于模著	100元
㊵當心受騙	林顯茂譯	90元
㊶心・體・命運	蘇燕謀譯	70元
㊷如何使頭腦更敏銳	陸明編譯	70元
㊸宮本武藏五輪書金言錄	宮本武藏著	100元
㊺勇者的智慧	黃柏松編譯	80元
㊼成熟的愛	林振輝譯	120元
㊽現代女性駕馭術	蔡德華著	90元
㊾禁忌遊戲	酒井潔著	90元
㊾摸透男人心	劉華亭編譯	80元
㊾如何達成願望	謝世輝著	90元
㊾創造奇蹟的「想念法」	謝世輝著	90元
㊾創造成功奇蹟	謝世輝著	90元
㊾男女幽默趣典	劉華亭譯	90元
㊾幻想與成功	廖松濤譯	80元
㊾反派角色的啟示	廖松濤編譯	70元
㊾現代女性須知	劉華亭編著	75元
㊾機智說話術	劉華亭編譯	100元
㊾如何突破內向	姜倩怡編譯	110元
㊾讀心術入門	王家成編譯	100元
㊾如何解除內心壓力	林美羽編著	110元
㊾取信於人的技巧	多湖輝著	110元
㊾如何培養堅強的自我	林美羽編著	90元
㊾自我能力的開拓	卓一凡編著	110元
㊾縱橫交涉術	嚴思圖編著	90元
㊾如何培養妳的魅力	劉文珊編著	90元
㊾魅力的力量	姜倩怡編著	90元
㊾金錢心理學	多湖輝著	100元
㊾語言的圈套	多湖輝著	110元

⑮個性膽怯者的成功術	廖松濤編譯	100元
⑯人性的光輝	文可式編著	90元
⑲培養靈敏頭腦秘訣	廖玉山編著	90元
⑳夜晚心理術	鄭秀美編譯	80元
㉑如何做個成熟的女性	李玉瓊編著	80元
㉒現代女性成功術	劉文珊編著	90元
㉓成功說話技巧	梁惠珠編譯	100元
㉔人生的真諦	鐘文訓編譯	100元
㉕妳是人見人愛的女孩	廖松濤編著	120元
㉗指尖・頭腦體操	蕭京凌編譯	90元
㉘電話應對禮儀	蕭京凌編著	120元
㉙自我表現的威力	廖松濤編譯	100元
㊵名人名語啟示錄	喬家楓編著	100元
㊶男與女的哲思	程鐘梅編譯	110元
㊷靈思慧語	牧　風著	110元
㊸心靈夜語	牧　風著	100元
㊹激盪腦力訓練	廖松濤編譯	100元
㊺三分鐘頭腦活性法	廖玉山編譯	110元
㊻星期一的智慧	廖玉山編譯	100元
㊼溝通說服術	賴文琇編譯	100元
㊽超速讀超記憶法	廖松濤編譯	140元

・健康與美容・電腦編號 04

①B型肝炎預防與治療	曾慧琪譯	130元
③媚酒傳（中國王朝秘酒）	陸明主編	120元
④藥酒與健康果菜汁	成玉主編	150元
⑤中國回春健康術	蔡一藩著	100元
⑥奇蹟的斷食療法	蘇燕謀譯	110元
⑧健美食物法	陳炳崑譯	120元
⑨驚異的漢方療法	唐龍編著	90元
⑩不老強精食	唐龍編著	100元
⑫五分鐘跳繩健身法	蘇明達譯	100元
⑬睡眠健康法	王家成譯	80元
⑭你就是名醫	張芳明譯	90元
⑮如何保護你的眼睛	蘇燕謀譯	70元
⑲釋迦長壽健康法	譚繼山譯	90元
⑳腳部按摩健康法	譚繼山譯	120元
㉑自律健康法	蘇明達譯	90元
㉓身心保健座右銘	張仁福著	160元
㉔腦中風家庭看護與運動治療	林振輝譯	100元

㉕秘傳醫學人相術	成玉主編	120元
㉖導引術入門⑴治療慢性病	成玉主編	110元
㉗導引術入門⑵健康・美容	成玉主編	110元
㉘導引術入門⑶身心健康法	成玉主編	110元
㉙妙用靈藥・蘆薈	李常傳譯	150元
㉚萬病回春百科	吳通華著	150元
㉛初次懷孕的10個月	成玉編譯	130元
㉜中國秘傳氣功治百病	陳炳崑編譯	130元
㉟仙人長生不老學	陸明編譯	100元
㊱釋迦秘傳米粒刺激法	鐘文訓譯	120元
㊲痔・治療與預防	陸明編譯	130元
㊳自我防身絕技	陳炳崑編譯	120元
㊴運動不足時疲勞消除法	廖松濤譯	110元
㊵三溫暖健康法	鐘文訓編譯	90元
㊸維他命與健康	鐘文訓譯	150元
㊺森林浴—綠的健康法	劉華亭編譯	80元
㊼導引術入門⑷酒浴健康法	成玉主編	90元
㊽導引術入門⑸不老回春法	成玉主編	90元
㊾山白竹（劍竹）健康法	鐘文訓譯	90元
㊿解救你的心臟	鐘文訓編譯	100元
51牙齒保健法	廖玉山譯	90元
52超人氣功法	陸明編譯	110元
54借力的奇蹟⑴	力拔山著	100元
55借力的奇蹟⑵	力拔山著	100元
56五分鐘小睡健康法	呂添發撰	120元
57禿髮、白髮預防與治療	陳炳崑撰	120元
59艾草健康法	張汝明編譯	90元
60一分鐘健康診斷	蕭京凌編譯	90元
61念術入門	黃靜香編譯	90元
62念術健康法	黃靜香編譯	90元
63健身回春法	梁惠珠編譯	100元
64姿勢養生法	黃秀娟編譯	90元
65仙人瞑想法	鐘文訓譯	120元
66人蔘的神效	林慶旺譯	100元
67奇穴治百病	吳通華著	120元
68中國傳統健康法	靳海東著	100元
69下半身減肥法	納他夏・史達賓著	110元
70使妳的肌膚更亮麗	楊　皓編譯	100元
71酵素健康法	楊　皓編譯	120元
73腰痛預防與治療	五味雅吉著	100元
74如何預防心臟病・腦中風	譚定長等著	100元

⑮少女的生理秘密	蕭京凌譯	120元
⑯頭部按摩與針灸	楊鴻儒譯	100元
⑰雙極療術入門	林聖道著	100元
⑱氣功自療法	梁景蓮著	120元
⑲大蒜健康法	李玉瓊編譯	100元
㉑健胸美容秘訣	黃靜香譯	120元
㉒鍺奇蹟療效	林宏儒譯	120元
㉓三分鐘健身運動	廖玉山譯	120元
㉔尿療法的奇蹟	廖玉山譯	120元
㉕神奇的聚積療法	廖玉山譯	120元
㉖預防運動傷害伸展體操	楊鴻儒編譯	120元
㉘五日就能改變你	柯素娥譯	110元
㉙三分鐘氣功健康法	陳美華譯	120元
㉚痛風劇痛消除法	余昇凌譯	120元
㉛道家氣功術	早島正雄著	130元
㉜氣功減肥術	早島正雄著	120元
㉝超能力氣功法	柯素娥譯	130元
㉞氣的瞑想法	早島正雄著	120元

•家庭／生活• 電腦編號05

①單身女郎生活經驗談	廖玉山編著	100元
②血型•人際關係	黃靜編著	120元
③血型•妻子	黃靜編著	110元
④血型•丈夫	廖玉山編譯	130元
⑤血型•升學考試	沈永嘉編譯	120元
⑥血型•臉型•愛情	鐘文訓編譯	120元
⑦現代社交須知	廖松濤編譯	100元
⑧簡易家庭按摩	鐘文訓編譯	150元
⑨圖解家庭看護	廖玉山編譯	120元
⑩生男育女隨心所欲	岡正基編著	160元
⑪家庭急救治療法	鐘文訓編著	100元
⑫新孕婦體操	林曉鐘譯	120元
⑬從食物改變個性	廖玉山編譯	100元
⑭藥草的自然療法	東城百合子著	200元
⑮糙米菜食與健康料理	東城百合子著	180元
⑯現代人的婚姻危機	黃　靜編著	90元
⑰親子遊戲　0歲	林慶旺編譯	100元
⑱親子遊戲　1～2歲	林慶旺編譯	110元
⑲親子遊戲　3歲	林慶旺編譯	100元
⑳女性醫學新知	林曉鐘編譯	130元

國家圖書館出版品預行編目資料

大乘佛經／定方晟著，劉欣如譯，
—初版 —臺北市，大展，民85
面；　公分—（心靈雅集；53）
譯自：大乘經典を読む
ISBN 957-557-629-2（平裝）

1.大乘經典

221.1　　85008512

DAIJŌ KYŌTEN WO YOMU by Akira Sadakata

Original Japanese edition published by Kodansha Ltd.
Chinese translation rights arranged with Kodansha Ltd.
through Japan Foreign-Rights Centre/ Hongzu Enterprise Co., Ltd.

大乘佛經　ISBN 957-557-629-2

原 著 者／定方　晟
編 譯 者／劉　欣　如
發 行 人／蔡　森　明
出 版 者／大展出版社有限公司
社　　址／台北市北投區（石牌）
致遠一路二段12巷1號
電　　話／(02) 8236031・8236033
傳　　眞／(02) 8272069
郵政劃撥／0166955－1
登 記 證／局版臺業字第2171號

承 印 者／高星企業有限公司
裝　　訂／日新裝訂所
排 版 者／千賓電腦打字有限公司
電　　話／（02）8812643
初　　版／1996年（民85年）10月
定　　價／180元

大展好書 好書大展

大展好書 好書大展